もっと深い旅をしよう

観光コースでない ロンドン

Another London

イギリス2000年の歴史を歩く

中村久司

高文研

はじめに

「観光コースでないロンドン」の企画を高文研からお聞きした際に、最初に脳裏をかすめたのが、批評家・詩人サミュエル・ジョンソンの言葉「人がロンドンに飽きたときは人生に飽きたとき」だった。ロンドンには、二〇〇〇年の歴史が観光客の目に見える形で継続している。テムズ川・橋・波止場・聖堂・庁舎・パブ・記念碑など、どれもが街に佇む歴史の証人である。ジョンソンが一八世紀に見たロンドンが今日でも残り、その後の二世紀間にロンドンは飛躍的な躍進を遂げて世界都市に成長している。そのロンドンの二〇〇〇年間を一冊の本で「鳥瞰図」のように描くには、史実の多くを大胆に割愛する勇気がいると、執筆に当たって覚悟した。

私は英国に滞在して通算で二七年を超えるが、ロンドンに長期間滞在したことはない。私とロンドンのかかわりは三分野である。まず、娘がロンドンで働いているので英国人妻と年に数回「観光客」として訪れ博物館・美術館などを巡っている。第二は、年数回の業務上の出張であった。二〇一〇年までヨーク市内の大学に勤め日英交流活動を担当していた。そのため、外務・英連邦省、国会、市庁舎、文化交流機関、民間企業などの会議やイベントに参加した。日本人研究者のリサーチもよく手伝った。第三の分野は平和運動参加である。英国の核廃絶と武器輸出反対キャンペーンにかかわり、ロンドンの反戦デモや集会・イベントに出かけている。

滞在が二〇年を過ぎるようになったころから、ロンドンを訪れると「日本が見えてくる」ようになった。同時に「民主主義」「基本的人権」「国際都市」とは何かを訪れるたびに考えさせられている。その一例は本書の執筆中にも起きた。

キングス・クロス駅近くに、『ザ・ガーディアン』紙の社屋がある。同紙は、米国と英国の国家秘密を暴露し、国家権力とたたかっている。米国の国家安全保障局（NSA）の元契約職員スノーデンが、NSAと英国の情報機関の傍聴活動の実態をリークしたが、ザ・ガーディアンはそれを分析して報道を続けている。同紙関係者の一人はヒースロー空港で身柄を一時拘束された。また官憲が本社社屋へ立ち入り、事情聴取を行なっている。それでも同紙は二〇一四年に入っても暴露報道を続けている。しかし、このような状況下で、同紙の権力と対決する姿勢と同様に賞賛に値するのは、当局の「国民の知る権利」を保障する姿勢である。「公務秘密法」（英国の秘密保護法。一九一一年制定・八九年改正）などを援用していない。当局が行なっているのは事件の「捜査」や犯罪の「処罰」ではなく、新聞社との事件に関する善後策の「協議」である。刀鍛冶に鍛錬されたようなロンドンの成熟した民主主義と「報道の自由」を象徴する状況である。この間に日本では「特定秘密保護法」が成立した。

ロンドンには意外なことが多い。歴代の国王には、デンマーク人、フランス人、オランダ人、ドイツ人が含まれている。六八六代市長が続いている世界最古の自治都市に、超現代的なビルが不思議と似合う都市だ。清教徒革命を行なったクロムウェルの遺体は、王政復古を行なった国王の命令で掘り起こされ絞首刑に処せられた。世界の船舶・発電所や宇宙ステーション対象の保険組合が三〇〇年以上前の喫茶店の談合から生まれ育ったビジネスの街でもある。「資本主義の牙城」ロンドンでマルクスは「資本論」を書いた。労働党誕生に大きく貢献したのは、マッチ工場の女工のストライキだった。ロシアの革命家レーニンが「左翼」と批判したのは、繰り返し投獄されながら女性・労働者のために闘争した三〇代の女性画家だった。ロンドンの反核集会用に作成されたシンボルは世界に広まり、レディー・ガガの刺青にもなっている。

本書では、ロンドンがローマ軍団の侵略を受けた二〇〇〇年前から二一世紀初頭までを、一〇二の項目から眺めてみる。二〇〇〇年間を振り返るのは、長期歴史的文脈で考察すると、今日の事象が理解しやすくなるからである。また、私たちが当然のことと今日考えている、国民の同意に基づく課税制度、信教・表現・集会の自由権や労働者や女性の投票権、児童の就労規制などは、為政者から国民に一方的に与えられたものではない。確固たる思想を持った政治家・知識人・文化人・ジャーナリスト・宗教家・労働者などが、人生と命をかけて多様な闘争を通して勝ち取ったものだ。

この史実が、長期的文脈で歴史を考察すると明瞭に見えてくる。

本書は、「ロンドン」に関する書であるが、ロンドンを超えて「英国」の歴史に触れざるを得なくなる。ロンドンが「イングランド」の中心都市であると同時に「英国＝グレート・ブリテン及び北アイルランド連合王国」の首都だからである。このため、本書は「観光コースでない英国」の側面をも持つ。読者の皆さんのご理解をあらかじめ得たい。

中村　久司

※——目次

Ⅱ 異民族支配の一五〇〇年

V　奴隷貿易から産業革命へ

VI ナショナリズムと自由・平等

Ⅶ　政治・社会改革の時代

Ⅷ　二つの世界大戦

IX　福祉国家・世界都市へ

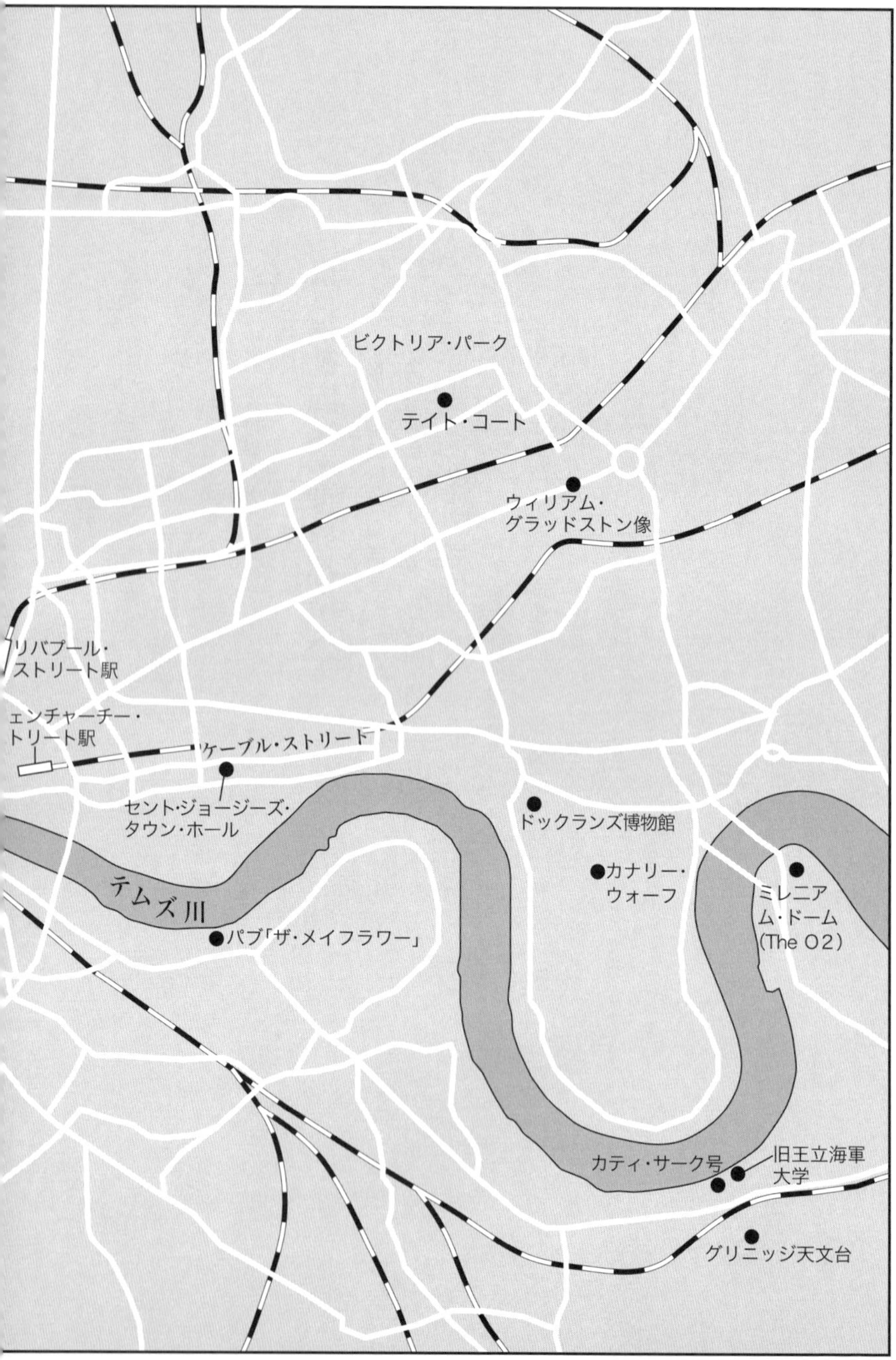

ビクトリア・パーク
テイト・コート
ウィリアム・
グラッドストン像
リバプール・
ストリート駅
ェンチャーチ・
トリート駅
ケーブル・ストリート
セント・ジョージーズ・
タウン・ホール
ドックランズ博物館
カナリー・
ウォーフ
ミレニアム・ドーム
(The O2)
テムズ川
パブ「ザ・メイフラワー」
カティ・サーク号
旧王立海軍
大学
グリニッジ天文台

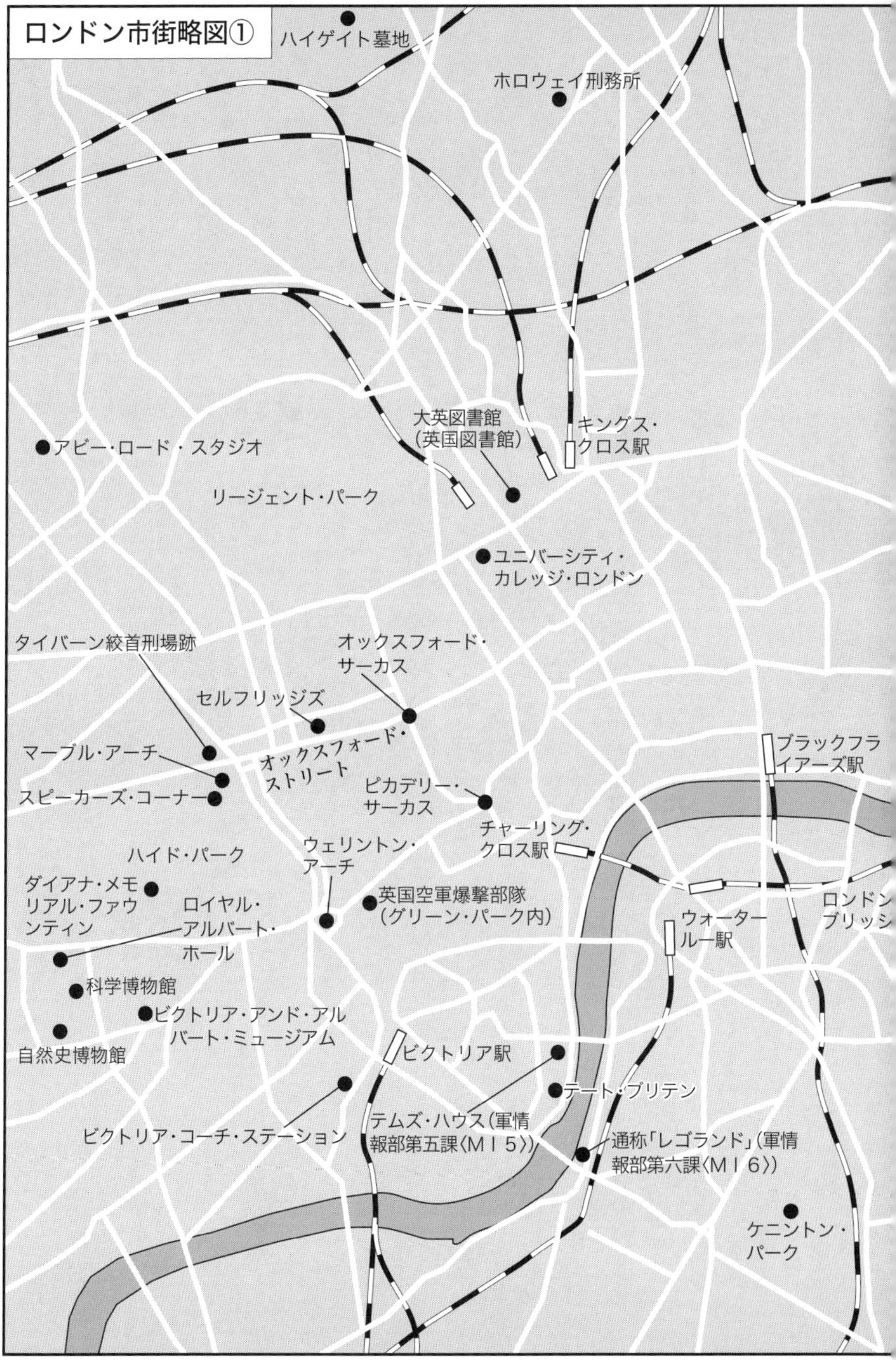
ロンドン市街略図①
ハイゲイト墓地
ホロウェイ刑務所
大英図書館
（英国図書館）
キングス・
クロス駅
アビー・ロード・スタジオ
リージェント・パーク
ユニバーシティ・
カレッジ・ロンドン
タイバーン絞首刑場跡
オックスフォード・
サーカス
セルフリッジズ
マーブル・アーチ
オックスフォード・
ストリート
スピーカーズ・コーナー
ピカデリー・
サーカス
ブラックフラ
イアーズ駅
チャーリング・
クロス駅
ハイド・パーク
ウェリントン・
アーチ
ダイアナ・メモ
リアル・ファウ
ンティン
英国空軍爆撃部隊
（グリーン・パーク内）
ロイヤル・
アルバート・
ホール
ロンドン
ブリッジ
ウォーター
ルー駅
科学博物館
ビクトリア・アンド・アル
バート・ミュージアム
自然史博物館
ビクトリア駅
テート・ブリテン
ビクトリア・コーチ・ステーション
テムズ・ハウス（軍情
報部第五課〈ＭＩ５〉）
通称「レゴランド」（軍情
報部第六課〈ＭＩ６〉）
ケニントン・
パーク

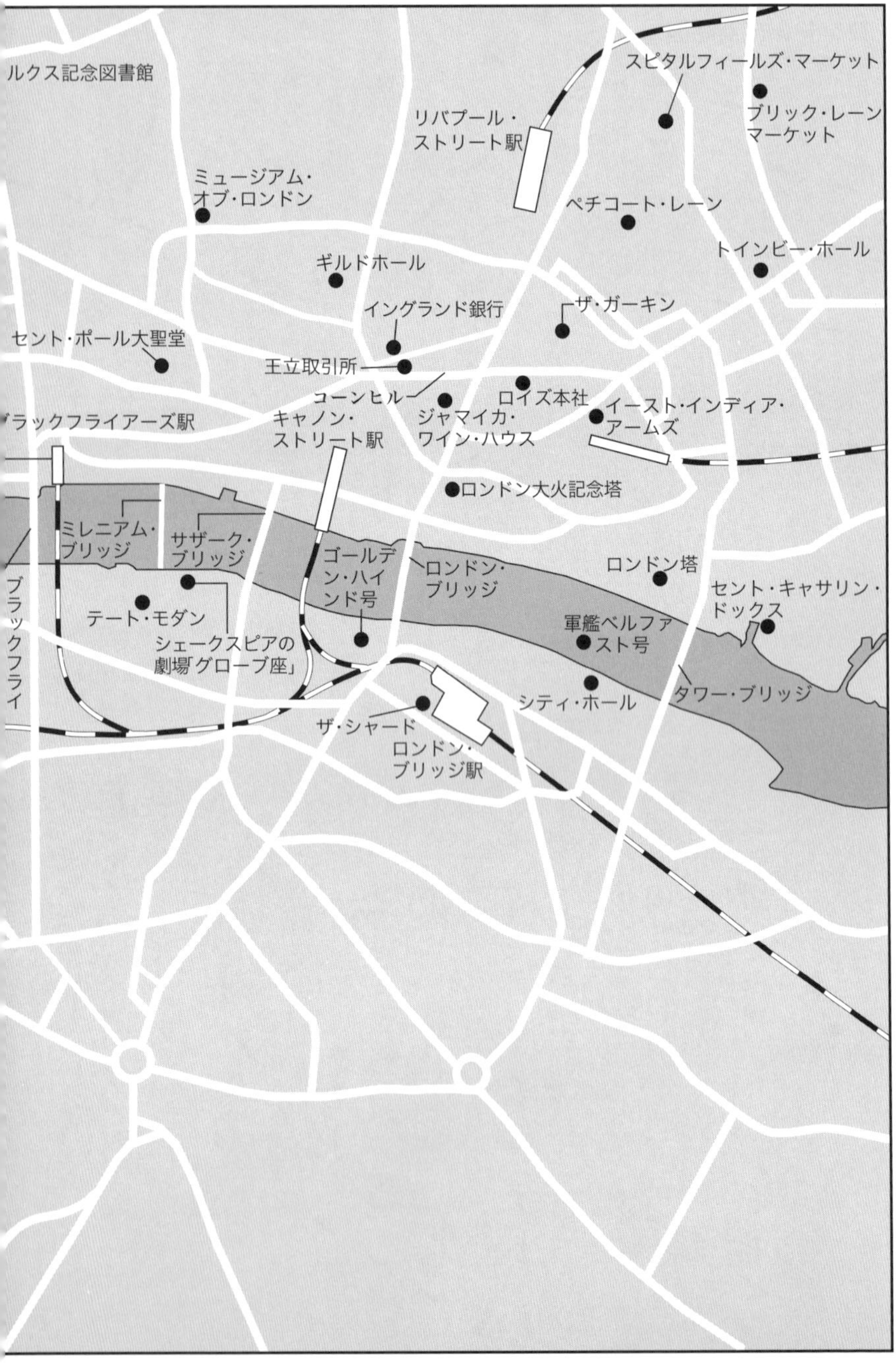
ルクス記念図書館
リバプール・ストリート駅
スピタルフィールズ・マーケット
ブリック・レーンマーケット
ミュージアム・オブ・ロンドン
ペチコート・レーン
ギルドホール
トインビー・ホール
イングランド銀行
ザ・ガーキン
セント・ポール大聖堂
王立取引所
コーンヒル
ロイズ本社
ジャマイカ・ワイン・ハウス
イースト・インディア・アームズ
ブラックフライアーズ駅
キャノン・ストリート駅
ロンドン大火記念塔
ミレニアム・ブリッジ
サザーク・ブリッジ
ゴールデン・ハインド号
ロンドン・ブリッジ
ロンドン塔
セント・キャサリン・ドックス
ブラックフライ
テート・モダン
シェークスピアの劇場「グローブ座」
軍艦ベルファスト号
シティ・ホール
タワー・ブリッジ
ザ・シャード
ロンドン・ブリッジ駅

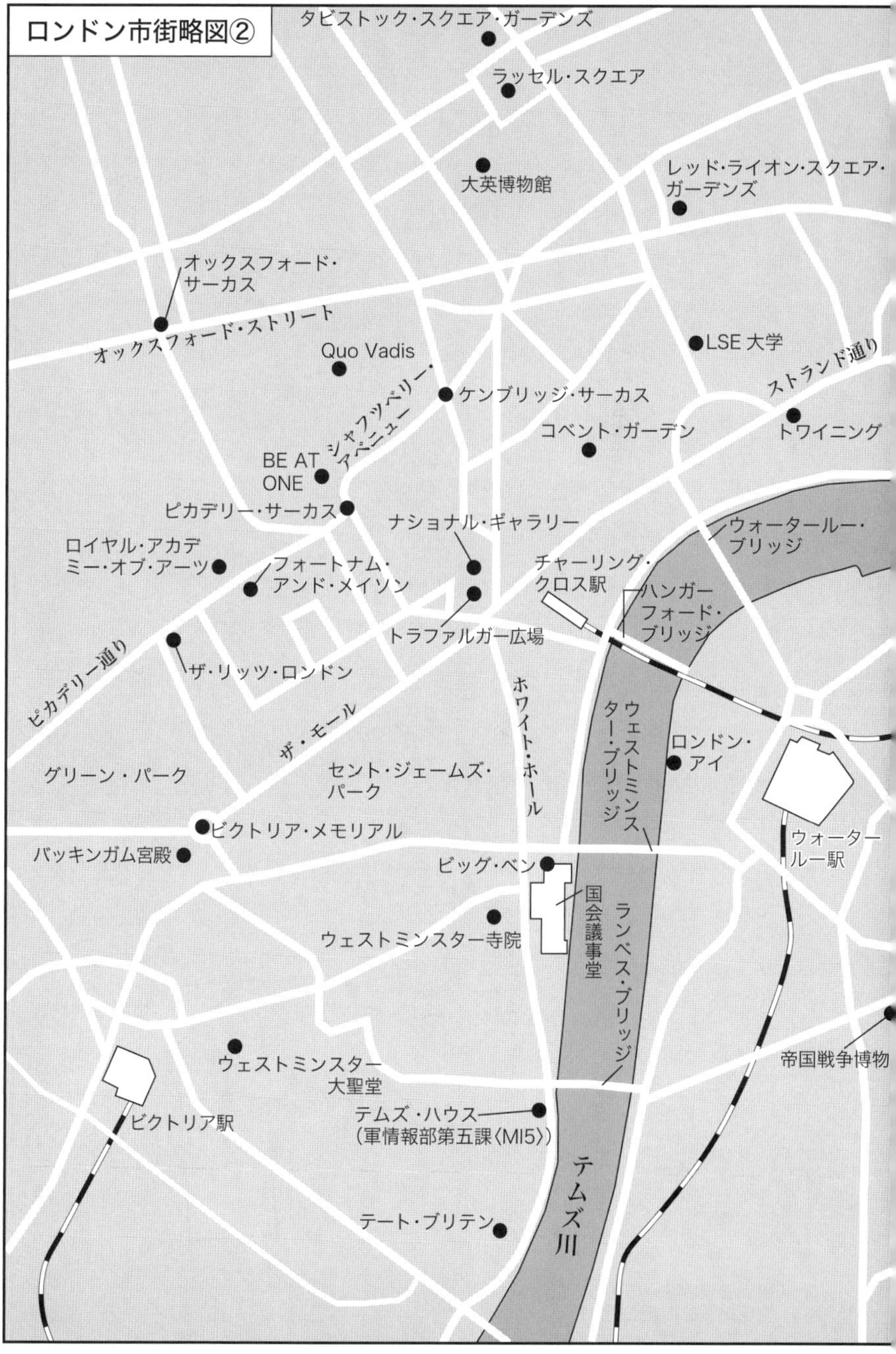
タビストック・スクエア・ガーデンズ
ラッセル・スクエア
大英博物館
レッド・ライオン・スクエア・ガーデンズ
オックスフォード・サーカス
オックスフォード・ストリート
Quo Vadis
LSE 大学
シャフツベリー・アベニュー
ケンブリッジ・サーカス
ストランド通り
コベント・ガーデン
トワイニング
BE AT ONE
ピカデリー・サーカス
ナショナル・ギャラリー
ウォータールー・ブリッジ
ロイヤル・アカデミー・オブ・アーツ
フォートナム・アンド・メイソン
チャーリング・クロス駅
ハンガーフォード・ブリッジ
トラファルガー広場
ザ・リッツ・ロンドン
ピカデリー通り
ホワイト・ホール
ザ・モール
ウェストミンスター・ブリッジ
ロンドン・アイ
グリーン・パーク
セント・ジェームズ・パーク
ビクトリア・メモリアル
ウォータールー駅
バッキンガム宮殿
ビッグ・ベン
国会議事堂
ランベス・ブリッジ
ウェストミンスター寺院
帝国戦争博物
ウェストミンスター大聖堂
テムズ・ハウス（軍情報部第五課〈MI5〉）
ビクトリア駅
テムズ川
テート・ブリテン

ロンドン市街略図②

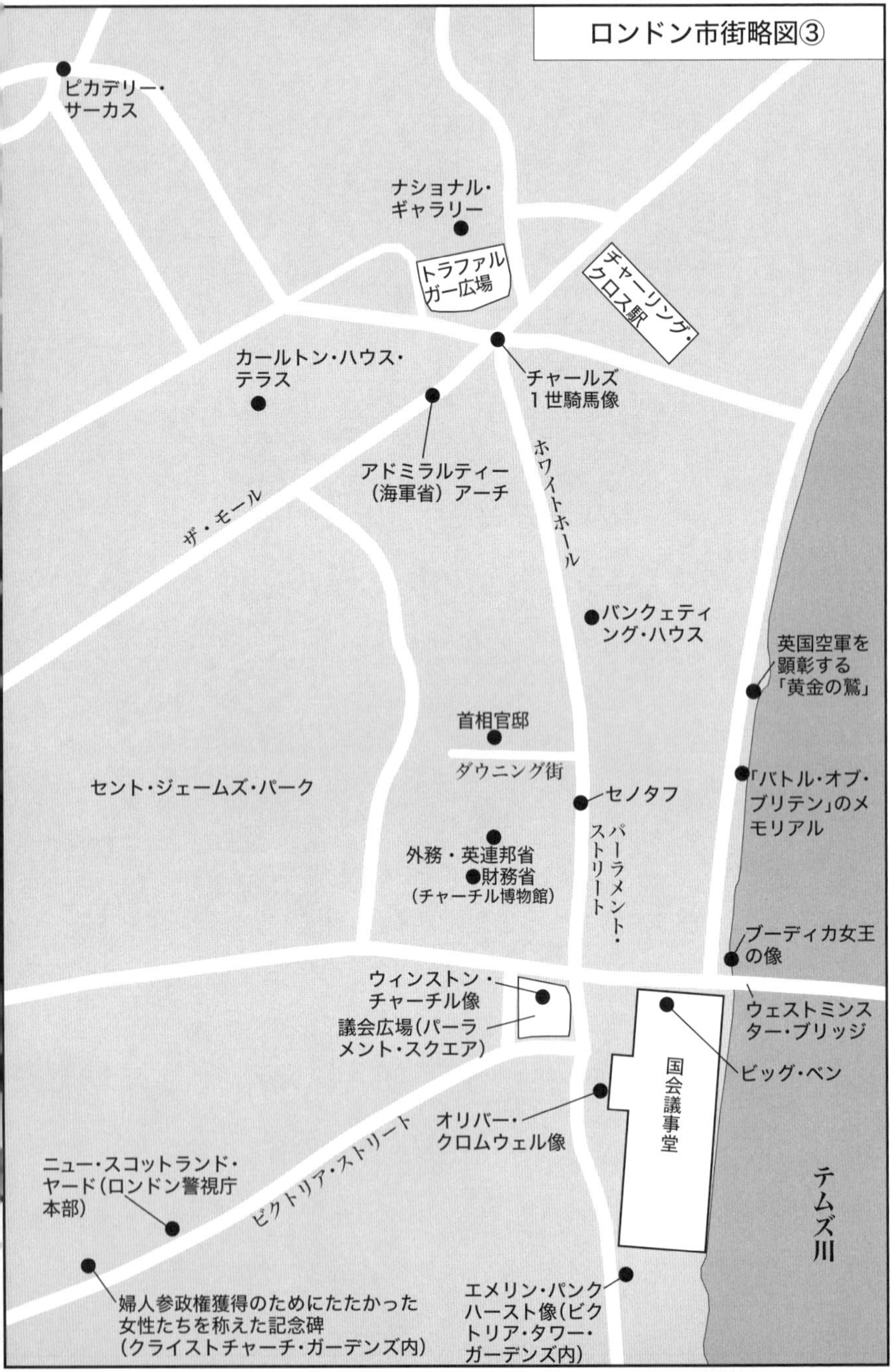
ロンドン市街略図③
ピカデリー・サーカス
ナショナル・ギャラリー
トラファルガー広場
チャーリング・クロス駅
カールトン・ハウス・テラス
チャールズ1世騎馬像
アドミラルティー（海軍省）アーチ
ザ・モール
ホワイトホール
バンクェティング・ハウス
英国空軍を顕彰する「黄金の鷲」
首相官邸
ダウニング街
セント・ジェームズ・パーク
セノタフ
「バトル・オブ・ブリテン」のメモリアル
外務・英連邦省
財務省（チャーチル博物館）
パーラメント・ストリート
ブーディカ女王の像
ウィンストン・チャーチル像
議会広場(パーラメント・スクエア)
ウェストミンスター・ブリッジ
国会議事堂
ビッグ・ベン
オリバー・クロムウェル像
ビクトリア・ストリート
ニュー・スコットランド・ヤード(ロンドン警視庁本部)
テムズ川
婦人参政権獲得のためにたたかった女性たちを称えた記念碑(クライストチャーチ・ガーデンズ内)
エメリン・パンクハースト像(ビクトリア・タワー・ガーデンズ内)

I

英国とロンドンの素描

バッキンガム宮殿へ通じる通り「ザ・モール」。エリザベス２世即位60周年記念行事の一環で、沿道に国旗が掲揚されている。

イギリスという国家は存在しない

今日、「イギリス」という国名の国家は存在しない。

「イギリス」は国名として慣習的に広く用いられている。私も使うことがある。しかし、国家として存在するのは、「グレート・ブリテン及び北アイルランド連合王国」である。英語表記では、「The United Kingdom of Great Britain and Northern Ireland」である。

日本語では、これを短くして「連合王国」とか「英国」と呼ばれる。

存在しない国名のイギリスであるが、実際には日本で頻繁に用いられている。例えば、英国政府観光庁のホーム・ページでは、「イギリスについて」「イギリスへの旅」「駐日英国大使館」など、イギリスと英国の両方が使われている。

英国では、国名の英国を、「The United Kingdom」と短縮して呼んだり、さらに略して「The UK」または「Britain」とも呼ぶ。

形容詞として「英国の」は、「ブリティッシュ」で、日本でも「ブリティッシュ・エアウェイズ」(英国航空)や「ブリティッシュ・カウンシル」(英国の国際文化交流機関)などと使われる。

英国の歴史は文献で遡ることができる世紀に限定しても二〇〇〇年を超える。しかし、「グレート・ブリテン及び北アイルランド連合王国」になったのは、一九二一年で、それからまだ一〇〇年とたっていない。

連合王国の誕生と「イギリス」の語源

グレート・ブリテンを構成する、イングランド・スコットランド・ウェールズの三地方とアイルランドの北部一部が国家として今日のように連合するまでには、長い歴史が存在する。

九世紀になると、イングランドが政治的に一定の安定を得て、グレート・ブリテン島の南部で勢力を確立していく。これに、一六世紀になるとウェールズが「イングランドの一地方」として加わった。

この拡大イングランドとスコットランドが一六〇三年に一人の国王によって統治されることになった。君臨したのはスコットランド国王ジェームズ六世だった。その同じ国王が、イングランドの国王も兼ね、イングランドでは国王ジェームズ一世として即位した。

国王は「グレート・ブリテンの国王」と自称したが、議会の統合は行なえなかった。その後、ロンドンの議会を唯一の議会とし、「一君主・一議会」から成る国家として「グレート・ブリテン連合王国」が生まれたのは、一七〇七年である。

グレート・ブリテン島の三地方が統合して「グレート・ブリテン連合王国」が生まれた後、それとアイルランド全体が統合して、「グレート・ブリテン及びアイルランド連合王国」が一八〇一年に誕生した。

しかし、一九二一年には、アイルランドが北部と南部に分割され、南部は独立して「アイルランド」となり、現在の「グレート・ブリテン及び北アイルランド連合王国」になった。

「イギリス」という言葉が日本で使われるようになった由来は、ポルトガルやオランダとの交易に求められる。これらの言語で、「イングランド」や「イングリッシュ」を指す言葉が、日本人の耳には「エゲレス」「イングレス」などに聞こえたのだろう。それが、「イギリス」になったようである。イングランドは、連合王国の一部であるにもかかわらず、国際貿易港ロンドンを持つがゆえに、当時は、ポルトガル人やオランダ人も、慣習的・便宜的にイングランドを国家全体として扱っていたのであろう。

議会・王室・教会

ロンドンの観光コースによく含まれる施設に、ウェストミンスター宮殿（ウェストミンスター・パレス=国会議事堂）、バッキンガム宮殿（バッキンガム・パレス）、ウェストミンスター寺院（ウェ

ウェストミンスター・ブリッジから見たウェストミンスター宮殿（国会議事堂）

ストミンスター・アビー）、セント・ポール大聖堂（セント・ポールズ・カシードラル）がある。

これらの各々についてと、相互関係については後述するが、これらは観光客に人気があるからコースに含まれているのみではない。英国とロンドンの歴史を理解し、今日の政治と社会を考える上で、見逃すことができないものである。

英国の政体は、立憲君主制である。

バッキンガム宮殿を居所の一つとする女王（あるいは国王）の権力が、憲法によって制限されている。王権に対して議会が優越するこの制度は、一六八八年の「名誉革命」で確立した。

しかし、英国の立憲君主制は、日本の象徴天皇制と同様ではない。形式上とはいえ、女王は、英国の陸・海・空三軍の長である。王室関係者は軍務に少なくとも一時期従事するのが慣例である。王子のみでなく、アン王女のように女性でも軍務に従事する王室のメン

エリザベス２世の「公式誕生日」（185 ページ参照）に、バッキンガム宮殿のバルコニー（右上）に勢揃いした王室メンバー

バーがいる。彼らは、式典の多くに軍服で参加する。

君主と議会・内閣の関係にも密接な部分が見受けられる。女王は毎週首相を迎え入れ、政情に関する報告を受ける。両者の対面が困難な場合は週ごとの状況聴取は電話で行なわれる。女王には、状況報告を聞いてコメントをつける権利と義務がある。しかし、女王と首相の対話は非公開とするのが伝統である。

政治と宗教も極めて密接に絡みながら英国の歴史は発展し、今日においても国家の式典・行事に教会がかかわってくる。

英国、特にイングランドにおける、キリスト教関連組織の代表的存在に「イングランド国教会」（The Church of England）がある。この組織の和訳には、「英国国教会」「イギリス国教会」などが見受けられるが、「英国の国教」は存在しない。エリザベス二世は、イングランド国教会を治める聖職者・信者などの中にあって、最高の地位を占めている。

このような関係を反映して、例えば、例年「一一月一一日（第一次世界大戦休戦協定日）」に一番近い日曜日に挙行される戦没者追悼の式典は、イングランド国教会のロンドン主教の主導で挙行され、献花は、女王・王室主要メンバー・首相・影の内閣代表・軍部関係者・海外代表・国内組織代表の順番で行なわれる。

英国とロンドンの歴史の一側面は、国民・市民が、王室と教会と議会とに、どのようにかかわってきたかの歴史でもある。

英国国旗と三人の聖人

四つの地方の統合体として、連合王国が形成されていく過程を反映して、統合を象徴する「フラッグ＝旗」のデザインが決められた（国旗の意匠の変遷については、カバー袖を参照）。

スコットランドとイングランドの王朝が一人の国王によって治められる「グレート・ブリテン連合王国」が誕生すると、一六〇六年に「イングランド旗＝白地に赤十字」と「スコットランド旗＝青地に白X字」を組み合わせた「ブリテンの旗」が国王によって制定された。それを軍艦・商船は掲揚するよう王室の布告が出された。

これが後代、ユニオン・フラッグ（旗）やユニオン・ジャックと呼ばれるようになった。ユニオンは、結合・統一・連合などを意味する。「ジャック」の由来には諸説があるが、船舶の船首につける小旗を指していた。

「ブリテンの旗」が国王によって制定された時代には、ウェールズはすでにイングランドの一地方となっていたので、ウェールズ旗はデザインに組み込まれなかった。

この旗に、「アイルランド旗＝白地に赤X字」が組み込まれたのは、アイルランド全体とブリテンが統合した一八〇一年である。

この旗が、今日、英国の国旗となったものである。一九二一年にアイルランド南部が独立し、英国の領土は北アイルランドのみとなったが、国旗のデザイン変更は行なわれていない。

スコットランド国王ジェームズ六世（イングランドでは一世）が決めた「ブリテンの旗」から始まる旗は、二つの世界大戦間の議会答弁を通して、実質上「英国国旗」としての地位を得た。一九三三年に、ユニオン・ジャックを個人が掲げて差し支えないかを、ある国会議員が尋ねている。それに対して、内務大臣が「ユニオン・ジャックはナショナル・フラッグ（国旗）だから、国民が掲揚して差し支えない」と答えている（王室などの特殊な旗でないとの意味である）。この大臣答弁でユニオン・ジャックが「国旗」となった。

国旗に含まれている三つの十字架は、いずれも三地方の守護聖人の「クロス＝十字」である。「イングランド＝聖ジョージ」「スコットランド＝聖アンドリュー」「アイルランド＝聖パトリック」だ。

この三人は、それぞれの地域でキリスト教を広めた聖人で、その地方とその人民を守る神として信じられてきた。このため、イスラム教国へ遠征したイングランドの十字軍は、聖ジョージ十字架の旗を掲げていた。

教育現場で用いられない国旗

ロンドンの土産品の一つに、国旗の手旗やガウンのように背中にかける大きな国旗がある。また、土産品のシャツ・帽子・バッグ・マフラー・雨傘・ネクタイ・マグカップ・文房具・おもちゃ・お菓子などのデザインに国旗がよく用いられている。このため、ロンドン観光というと国旗を連想する人も多いのではないだろうか。

しかし、英国では、アメリカ・カナダ・フランス・北欧諸国などと比較して、国旗は日常生活でも何かの式典・イベントでも用いられることは少ない。

国旗が学校などの教育現場へ持ち込まれることは極めて稀である。

国旗や守護聖人の十字架の旗が目につくのは、サッカーやラグビーなどの大きな試合の日である。試合会場へ向かう数台の車が、小旗を窓につけて走るのをよく見かける。会場では、旗をマントのように背負ったり、国旗を帽子や衣服のデザインに使ったものを身につけるファンがいる。

ユニオン・ジャックや聖ジョージ十字架の旗を振りかざしてデモ行進を行なうのは、極右や、白人崇拝・移民反対の団体などである。

国旗を多用しない、あるいは、国旗使用を危険視する背景には、英国民の、「好戦的愛国主義」「世界の七つの海を支配した帝国主義」「植民地主義」「人種差別主義者の移民攻撃」などへの歴史的反省と警戒心がある。

加えて、教育現場で敬遠される理由は、教育方法論として、国旗を用いるのは不適正との考えがあるからだ。国旗に限らず旗は象徴である。象徴を使って児童生徒に国家や愛国心を教えるのは、「象徴による操作」である。国家・愛国心を正しく教える教育手段として不適切で、盲目的な国家主義や偏狭な愛国心につながる危険がある、と考えられている。

学校で教えない国歌「神よ女王を救い給え」

ロンドン観光の「必見スポット」の一つとして、多くのガイド・ブックで取り上げられるのが、バッキンガム宮殿である。英国人の間でも人気がある観光場所だが、人気の対象は宮殿の建物というより、女王と王室のメンバーのようである。

トラファルガー広場（トラファルガー・スクエア）から宮殿へ通じる九三〇メートルの直線道路は、片側二車線で両側の歩道の幅も広くプラタナスの並木道になっている。ザ・モール（The Mall）と呼ばれるこの大道には、両側の大樹に沿って英国国旗が飾りつけられている。女王が黄金装飾の馬車や高級車のロールス・ロイスに乗ってよく通る場所で、王室ファンが行列を作るところである。

エリザベス二世女王の人気は常に高い。近年の世論調査では、王室支持派が廃止派を常に上回っている。二〇一二年五月の調査では、「英国にとって王室があった方が良い」と考える者が、六九パーセントで、「ない方が良い」と考える二二パーセントを大きく上回った。

バッキンガム宮殿

この女王を救い給えと、歌うのが英国の国歌である。法的に決められたものではなく、慣習的で、英語では、「God Save the Queen」(神よ女王を救い給え)である。

しかし、国歌を知らない、歌えない英国国民がかなり多い。スポーツの国際試合で英国選手が優勝し、国歌が吹奏されても歌詞を知らなくて歌えない選手が目につくことがしばしばある。それが時折問題になる。例えば、二〇一二年のロンドン・オリンピックで歌えなかった選手を批判し、「学校で義務として国歌を教えるべき」と、第二次世界大戦時の首相チャーチルの孫が力説している。

しかし、保守党の教育担当の大臣でも、国歌を教えるか否かは、それぞれの学校が独自に判断すべきとの見解を出している。また、国歌を学校で教えるべきと考える教員は、各種世論調査で、三五パーセント前後である。

グリニッジ天文台の子午線の周りに集まる観光客

ロンドンは北国の首都

ロンドンは北国の首都である。

北国と言えるのは、ロンドンはおおむね北緯五一度三〇分に位置しているからだ。北海道の北に位置する樺太を南部と北部に分割する境界線が、北緯五〇度線である。ロンドンの北緯は、北樺太の緯度になる。スコットランドの北部地域は樺太の最北端よりさらに北に位置している。

ロンドンが北に位置する事実は、気温からは感じることがあまりない。ロンドンの冬季最低気温が平均で五度前後だからだ。近海の潮流の関係で気候が穏やかなのだ。英国が地球の北に位置するのを体感するのは、夏場の日の長さと冬の日照時間の短さを目で感じるときである。私は、ロンドンとスコットランドの中間辺りに位置するヨーク市に住んでいるが、夏の晴れた日には夜の一〇時ころでも外で新聞を読むことができる。反面、クリスマスが近づくころは午後三時半にはとっぷりと日が暮れる。

ロンドンの地球上の位置を、目で確認できるのが、ロンドンのテムズ川河畔のグリニッジ天文台である。ここには、経度の基準となるグリニッジ子午線が地面に引いてある。世界を股に掛けるかのごとく、各国からの観光客がこの経度〇度〇分〇秒を示すステンレス製の帯線を跨いで写真を撮っている。

この地球の東半球と西半球の境界線は、夜間には、天文台からのレーザー光線でも示される。なお、現在、地球観測衛星などで地球測地に用いられる基準子午線とこのグリニッジ子午線とは一〇二メートルほどの差がある。

グレーター・ロンドンと東京二三区

英国の国土面積は日本の約三分の二で、人口は日本の半分である。二〇一二年の推定人口は六三七〇万人だった。

ロンドンの面積は、東京二三区の面積の二倍半に相当する一五七二平方キロメートルである。推定人口は約八三〇万人で、これは東京二三区の人口の約九二パーセントである。

これらの統計におけるロンドンの定義は、「グレーター・ロンドン」(Greater London) と呼ばれる地方行政区域である。

グレーター・ロンドンは、三二のロンドン特別区 (Borough＝バラー) とザ・シティ・オブ・ロンドン (The City of London＝通称ザ・シティ) を含む。

この地域を治める地方自治体がグレーター・ロンドン・オーソリティー (Greater London Authority) である。しかし、ロンドン特別区に囲まれているザ・シティ・オブ・ロンドンは、三二

グレーター・ロンドン概略図

①ザ・シティ・オブ・ロンドン　②シティ・オブ・ウェストミンスター　③ケンジントン・アンド・チェルシー　④ハマースミス・アンド・フラム　⑤ワンズワース　⑥ランベス　⑦サザーク　⑧タワーハムレッツ　⑨ハックニー　⑩イズリントン　⑪カムデン　⑫ブレント　⑬イーリング　⑭ハウンズロー　⑮リッチモンド　⑯キングストン・アポン・テムズ　⑰マートン　⑱サットン　⑲クロイドン　⑳ブロムリー　㉑ルイシャム　㉒グリニッジ　㉓ベクスリー　㉔ヘイバリング　㉕バーキング・アンド・ダゲナム　㉖レッドブリッジ　㉗ニューアム　㉘ウォルサム・フォレスト　㉙ハーリンゲイ　㉚インフィールド　㉛バーネット　㉜ハーロウ　㉝ヒリンドン

の特別区とは異なって、後述のように伝統的な自治権を持っている。

　グレーター・ロンドン・オーソリティーの議会・行政業務の本庁（市庁舎）が、シティ・ホール（City Hall）である。

　市庁舎は高さが四五メートルで、特に目立つものではないが、カタツムリの殻のような奇抜なデザインである。設計者は、英国を代表する建築家のノーマン・フォスターだ。彼のデザインによる現代建築は、英国・ロンドンに限らず世界

左端が市庁舎。中央右の三角錐状のビルがザ・シャード（The Shard ＝ガラスの破片、266 ページ参照）と呼ばれ、高さ 310 メートルはヨーロッパ最高である。

各地で見られる。東京都文京区本郷のセンチュリー・タワーもその一つである。

シティ・ホールは、テムズ川南岸に位置し、見つけるのはたやすい。テムズ川に架かる橋の一つタワー・ブリッジから西方（川上）を見下ろすと誰の目にも入るのが、常設博物館として使用されている「軍艦ベルファスト号」である。ホールは、軍艦の係留されている桟橋とタワー・ブリッジの南端との中間点である。

ベルファスト号は、第二次世界大戦で活躍した軽巡洋艦（排水量一万一五五〇トン）で、連合軍の「ノルマンディー上陸作戦」にも参戦している。一九四五年夏には、対日本戦に先駆けて改修された。神風特攻隊の攻撃を想定して、対空機銃を増設しレーダー装置を改良している。しかし、八月にオーストラリアまで来たものの日本が降伏し、日本軍とは交戦しなかった。戦後は極東に配備され、朝鮮戦争が勃発した一九五〇年七月には函館港に寄港していた。

タワー・ブリッジと軍艦ベルファスト号。右端の球状の建物が市庁舎の一部

ロンドンの中心はチャーリング・クロス駅前

何を基準としてロンドンの中心を決めるかによって、その位置が異なってくる。しかし、チャーリング・クロス駅前が中心と歴史的にいわれる。

東京の日本橋を全国街道の一里塚の起点と徳川幕府が定めたのに似ている。「ロンドンからマンチェスターまで一八四マイル」「ロンドンからローマまで一一一八マイル」などと表示される場合のロンドンの位置である。

チャーリング・クロス駅前がロンドンの中心となったのは、地理・政治・経済活動などの理由からではない。地理的には、例えば、グーグル地図で「ロンドン」と調べると、駅の北東約七〇〇メートルの位置になる。「東京」も、グーグルでは新宿区の東京都庁が中心になる。

このスポットが決まった背景には、七〇〇年以上前

チャーリング・クロス駅前のタクシー。左に建つのがエレナー・クロスのレプリカ

の国王の宗教心がある。

一二九〇年、イングランド国王エドワード一世は、スコットランドを訪れ、妻のエレナー女王がロンドンから来るのを待っていた。しかし、女王はイングランド東部のリンカーン市近くまでたどり着いたものの、旅の途中で病死してしまった。

国王は、女王の遺体をロンドンのウェストミンスター寺院に埋葬するため、帰途の旅に立ったが、リンカーンからロンドンの旅路に、十字架を一二建てることにした。その最終地のロンドンに一二番目の十字架が建てられた場所が現在のチャーリング・クロスであった。当時はここは村で、国王が建てた十字架は、エレナー・クロスと呼ばれた。

現在、エレナー・クロスのレプリカがチャーリング・クロス駅前に建っている。国王が建てた場所の正確なスポットは、すぐそばのトラファルガー広場の南側である。この本来の場所には現在、別の国王チャールズ一世が馬に乗った像が建立されている。

チャーリング・クロスは、トラファルガー広場に一番近い鉄道・地下鉄の駅である。駅前のエレナー・クロス辺りへ出ると、トラファルガー広場の賑やかな雰囲気が伝わってくる。

この一帯から徒歩で観光・散策できる場所がかなりある。南西へ歩くとバッキンガム宮殿。南下すれば国会議事堂やウェストミンスター寺院。北上すれば、コベント・ガーデンを経て大英博物館。北西へ歩けば賑やかなピカデリー・サーカスを経てオックスフォード・サーカスに至る。

テムズ川が語るロンドン二〇〇〇年の歴史

世界の四大文明が大河の周辺に出現したように、世界各地の都市・町・村落の多くが川とともに発達している。京都の鴨川、パリのセーヌ川、プラハのブルタバ川、キエフのドニエプル川など、その例は枚挙に暇がない。

しかし、世界各地で見受けられる都市の発展と河川の関係の中で、ロンドンとテムズ川の関連は、その「継続性」において極めて顕著である。また、川を経由して都市が世界各地とつながるという点でも際立った特徴を持っている。

後述のごとく、ローマ人、アングロ・サクソン、バイキング、そしてノルマン人と、大陸からの異民族はテムズ川を上ってロンドンに侵入し、ロンドンに侵略統治の拠点を築いてきた。アングロ・サクソンやバイキングは侵攻にあたって上陸拠点をロンドンに限定したわけではなかったが、

ロンドン中心部の橋と主な観光スポット

ロンドン市内の中心部で記憶すると散策に便利なのが以下の橋である。

東側（地図の右側でテムズ川の川下）から西側の川上への順である。北岸と南岸の橋の近くの代表的な建物・場所も例示する。（ここで、「北岸」「南岸」は、蛇行するテムズ川地図上の上方と下方であって、必ずしも地理的な北・南を指すものではない。）

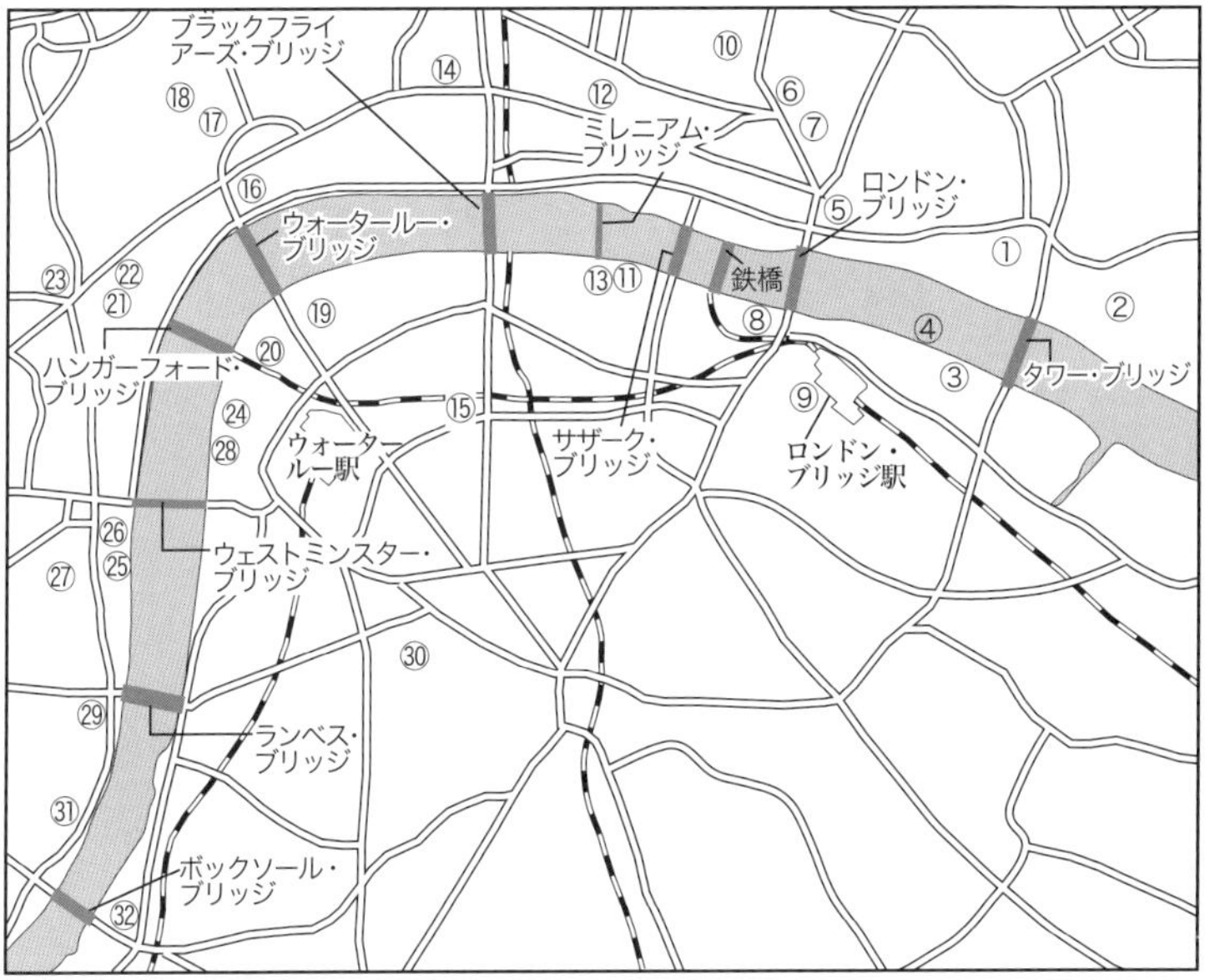

〔タワー・ブリッジ〕 北岸＝①ロンドン塔　②セント・キャサリン・ドックス／南岸＝③シティ・ホール　④軍艦ベルファスト号

〔ロンドン・ブリッジ〕 北岸＝⑤ロンドン大火記念塔　⑥イングランド銀行　⑦王立取引所／南岸＝⑧サザーク大聖堂　⑨ザ・シャード

〔サザーク・ブリッジ〕 北岸＝⑩ギルドホール／南岸＝⑪シェークスピアのグローブ座と教育センター

〔ミレニアム・ブリッジ〕 北岸＝⑫セント・ポール大聖堂／南岸＝⑬テート・モダン

〔ブラックフライアーズ・ブリッジ〕 北岸＝⑭ジョンソン博士（サミュエル・ジョンソン）の家／南岸＝⑮地下鉄サザーク駅

〔ウォータールー・ブリッジ〕 北岸＝⑯コートールド協会美術館　⑰ロンドン交通博物館　⑱ロイヤル・オペラ・ハウス／南岸＝⑲ナショナル・シアター　⑳ロイヤル・フェスティバル・ホール

〔ハンガーフォード・ブリッジ〕 北岸＝㉑シャーロック・ホームズ・パブ　㉒チャーリング・クロス駅　㉓トラファルガー広場／南岸＝㉔ロンドン・アイ

〔ウェストミンスター・ブリッジ〕 北岸＝㉕国会議事堂　㉖ビッグ・ベン　㉗ウェストミンスター寺院／南岸＝㉘ロンドン水族館

〔ランベス・ブリッジ〕 北岸＝㉙軍情報部第五課（ＭＩ５）／南岸＝㉚帝国戦争博物館

〔ボックソール・ブリッジ〕 北岸＝㉛テート・ブリテン／南岸＝㉜秘密情報部（ＭＩ６）

北海からテムズ川河口を上るのが典型的なルートの一つであった。

このため、ロンドンを散策する場合、テムズ河畔から始めると歴史の流れが脳裏に浮かびやすくなる。また、ロンドンの大雑把な地図を記憶する上でも、ロンドン中心部をテムズ川の北岸と南岸に分け、テムズ川に架かるいくつかの橋に注目すると便利である。

テムズ川に架かる橋は、支流まで含めると二〇〇を超えるといわれる。しかし、グレーター・ロンドン内の橋は、鉄橋を含めても三四である。

七五〇〇台の赤いバスと平等思想

ロンドン市内のどこへ行っても絶対にすぐに目につくのが二階建ての赤いバスである。

ロンドンでは週日、約七五〇〇台のバスが運行し、毎日六〇〇万人以上の乗客を輸送している。この輸送量は地下鉄のそれを超える。

バス路線の総数は約七〇〇である。これらの路線が網の目のようにロンドンに張られ、観光・生活の重要な場所は、一〇を超える異なるバス・ルートが通過している。例えば、トラファルガー広場は、一八のルートが通過し、ピカデリー・サーカスは一六ルートが通っている。

ロンドンのバス駅とバス停の合計数は約一万九五〇〇である。バス停が多数設置されているので、ロンドン住民の一〇人中九人は、自宅から最長でも四〇〇メートル歩けばバスに乗れる。

このように、ロンドンではバス交通が発達している。理由はいくつかある。まず、自動車使用

国会議事堂近辺を走っているロンドンのバス。通りはホワイトホール

の制限である。環境・エネルギー政策の面からも削減が必要であるが、それ以前に、ロンドン中心部の渋滞は深刻である。だが、ロンドンのバス交通整備の裏には、英国人の社会的・経済的弱者への優しさがある。地下鉄は弱者に便利とは言い難い。

ロンドンの地下鉄は、一五〇年以上前の一八六三年に、世界に先駆けて開業した。しかし、地下鉄網を、バス路線のネットのように細かくすることは、技術的にも財政的にも困難である。このため、路線数は現在一一で、地下鉄駅の総数は二七〇である。バスより高速で渋滞がないという大きな利点もあるが、ロンドンの地下鉄駅は地下深い。長さ六〇メートルのエスカレーターに乗って地下二七・五メートルへ降りる駅や、エレベーターで地下五八・五メートルのホームへ降りる駅もある。

地下鉄の駅やトンネルは、戦争中は防空壕として使われた。一九四〇年秋の国勢調査では、地下鉄構内に一七万七五〇〇人のロンドン住民が寝泊りしていた。ドイツ軍のロンドン空襲から身を守るために、当局も防空壕としての使用を認め設備を整えていた。このような地下鉄の物理的な特質上、高齢者や身体的弱者にとっては、バスの方が利用しやすい。料金も地下鉄より安い。七五〇〇台のバスをロンドン市内で走らせるのは、「より多くの市民に公共交通機関をより平等に与える」との「平等」思想が見受けられる。

なお、ロンドン以外の地方都市のバスの高齢者無料パス（六〇歳以上から六〇歳代後半へ段階的に移行中）は、ロンドンのバスにも有効で、提示するのみで無料で乗り放題である。

ロンドンのタクシー規制は一六三六年から

ロンドンの刑事や私立探偵を扱った映画やテレビ番組に必ず出てくるのが、黒いタクシーである。大都会のダイナミックな雰囲気と伝統的なロンドンの象徴の一つである。

一七世紀のロンドンに、自動車タクシーがあったわけではない。しかし、お客をロンドンの二点間で輸送し代価を得る業務はあった。

この業務を規制する制度を、国王チャールズ一世が設け、一六三六年に国王の勅令で、ロンドン市内で馬車五〇台の営業を許可した。

チャールズ一世の像は、前述のように、チャーリング・クロス駅隣のトラファルガー広場に建っている。後述のごとく、この国王を斬首刑にして清教徒革命を行なったのが、オリバー・クロムウェルだが、彼は営業馬車の許可台数を二〇〇台にするよう、一六五四年に議会で決めた。その後、名誉革命が起きた一六八八年には、許可台数は六〇〇台になり、以後、議会は台数の増加を段階的に認めていった。ロンドンのタクシーの営業規制は、清教徒革命・名誉革命時代になると、議会の議決事項となるほど、重要になったわけである。

ロンドンの黒いタクシー・国会議事堂・赤い二階建てバスを、ロンドンの三大シンボルに挙げる見方がある。妥当性には異論も多いだろうが、ロンドンとタクシーには、なぜか理屈を超えた強い関連を感じる。

ロンドンのタクシーは、「タクシー・キャブ」または、単に「キャブ」と呼ばれる。伝統的な車体の色は黒だったので「ブラック・キャブ」と呼ばれることも多い。キャブは、昔は辻馬車の意味だったが、このように現在ではいわゆるタクシーを指す。二〇世紀のロンドンのタクシーの代表的な車種は、オースティン（Austin）ＦＸシリーズで、世紀半ばから生産されたＦＸ４が主流を占めているが、近年新型が生産されている。伝統的な色は黒だが他の色もあり、車種や規格も特定されているわけではない。ロンドンのタクシー規制の一つにも、国王の権限を制約し、議会制民主主義を確立していく歴史が反映されている。

世界一取得が難しいタクシーの運転免許

ロンドンの中心地域でタクシーの運転手として働くには、世界一難しいタクシーの運転免許を取得しなければならない。

その試験は、「ザ・ナレッジ」と呼ばれ、正式名は、「ザ・ナレッジ・オブ・ロンドン」である。つまり、「ロンドンの知識」である。

ロンドンの中心地域の定義であるが、前述のチャーリング・クロス駅から半径六マイルの円内を指す。一マイルは約一・六キロメートルだから、半径約九・六キロメートルである。

この地域には二万五〇〇〇の大小の道路がある。ザ・ナレッジに合格するには、地域内の主要ルート三二〇を記憶しなければならない。そして、乗車地と目的地を結ぶ最善（距離が延びることなく時間がかかり過ぎない）ルートを瞬時に決定する知識・能力を習得しなければならない。

この半径九・六キロメートル地域内にある、史跡・建物名・映画館・病院・学校・主要会社などで、試験に合格するために覚えなければならないお客の行き先名は、二万カ所といわれる。

試験に合格するには、二年から四年が必要ともいわれる。このため、ザ・ナレッジの試験準備を行なう私立学校が、ロンドン市内とその近郊に少なくとも十数校ある。

ザ・ナレッジ試験は、一八六五年に始まった。しかし、その試験内容・方法は、高性能なサテナビ（カーナビ）が普及した今日でも、大きく変わっていない。伝統に拘るロンドンとプロ意識を高く評価する英国人気質の反映であろう。

II

異民族支配の1500年

ブーディカ女王と娘の像。左はビッグ・ベン

古代ローマ軍の侵略

ロンドン塔やタワー・ブリッジへの最寄りの地下鉄タワー・ヒル（Tower Hill）駅を出たすぐのところに、周りの建築物とは異色な古い石壁がそびえている。分厚い石積みで高さは四メートルを超える。そして、石壁を背景に古代ローマのよろいを身につけた一人の兵士像が建っている。英国を侵略したローマ軍の兵士像である。

ローマ軍は、英国を侵略すると、テムズ川北岸の一画を三辺の城壁で囲んで長方形に近い形の古代都市ロンディニウムを築いた。南側はテムズ川が防衛壁の役割を果たしたので石壁は築かれなかった。その一部がここに残っていて、「ローマン・ウォール」と呼ばれる。この部分が築かれたのは西暦二〇〇年ころである。（部分的には中世に修復・補強されている。）

ロンディニウムの防衛壁の東側の端がここである。西側の端は、ブラックフライアーズ・ブリッジの西で、現在の地下鉄ブラックフライアーズ駅辺りである。この東西間距離は、約一・九キロメートルである。ロンディニウムを北側からの攻撃から守る防壁は、テムズ川から約八〇〇メートル北に位置し、テムズ川にほぼ平行して構築された。

古代ローマ軍団が、最初にイングランドに侵入したのは、イエス・キリストが生まれる五五年前だった。その翌年には、「シーザーとクレオパトラ」の演劇・映画や、「賽は投げられた」「ブルータスよ、お前もか！」の台詞で知られるローマ帝国の軍人・政治家ジュリアス・シーザー（ユリウス・カエサル）も侵略した。シーザー率いる軍団はテムズ川を上ってきたが、占領は継続しなかった。

タワー・ヒル駅そばのローマ軍の兵士像。背景がローマン・ウォール

当時、グレート・ブリテン島は、二七から三〇の主要部族によって治められ、各々に国王・女王・首長などがいた。農耕と

狩猟が生活の中心であったが部族間の抗争は絶え間なく、戦士が力を持っていた。人々は「空の神」「雲と雨の神」など四〇〇以上の神と女神が泉や森に存在すると信じ、供え物をしていた。二月・五月・八月・一一月には祭事を執り行ない、死後の世界の存在を信じていた。

最初の侵入から数えて三度目の大侵略は、四万人から成る軍団によって紀元後四三年の夏に、現在のケント州から始まった。そして、同年初秋には、ロンディニウム一帯を含む南東部の大部分が完全にローマ軍の統治下に置かれる状況に陥った。

この三度目の侵略・統治の延長で、前述の城壁が築かれたのだが、ローマ軍団による占領はその後四世紀にわたった。

ブーディカ女王の反乱

ローマ軍の占領に抵抗し、反乱を起こしたブーディカ女王と娘二人のブロンズ像が、テムズ川河畔に建っている。ここへは、タワー・ヒルから歩いて行ける。

タワー・ヒル駅そばのローマ人兵士像が建つスポットは、階段でテムズ川河畔の道につながっている。その道をいろいろな史跡を見ながら西方（川上）へ四・五キロメートル歩くと、国会議事堂とビッグ・ベンに突き当たる。そこは、ウェストミンスター・ブリッジのたもとである。

ここに、二頭の馬で引く二輪戦車に槍を持って搭乗しているブーディカ女王と二人の娘のブロンズ像が建っている。三人が、あたかも国会議事堂とビッグ・ベンの時計台を見上げるかのように設

ブーディカ女王像

置されている。

周りは国会議事堂とビッグ・ベンの写真を撮っている人々や、土産物を売るキオスクを囲む買い物客でいっぱいである。また、ウェストミンスター・ブリッジを往来する人々の群れで立ち止まることさえ困難である。この人の海の中にいるせいか、とても大きなブーディカ女王像なのに、眺めている人は稀である。

ブーディカ女王は、ロンディニウム北東部（現在のイースト・アングリア州）の部族の頭であった。当時、ローマ帝国の属領となれば交易が促進するとの考えから、侵略・統治を抵抗なく受け入れる部族・勢力もあった。しかし、女王は侵略に抵抗し、六〇年夏に武力蜂起した。女王軍の反撃は、女王の勢力圏から始まって南西へと進み、ロンディニウム進攻へと続いた。

しかし、六〇年秋（他説では六一年）には女王の反乱はローマ軍によって鎮圧され、その後間もなくして女王は服毒自殺を遂げたといわれる。

ミュージアム・オブ・ロンドン正面

ブーディカ女王への関心は、ビクトリア女王時代（一八三七〜一九〇一年）に高まった。

古代ローマ帝国の侵略に反撃したブーディカ女王への関心が、大英帝国の最盛期のビクトリア時代に英国で高まり、英国議会のすぐ近くに女王の像が建立されたのは、単なる歴史の皮肉であろうか。それとも、「ブーディカ・エリザベス一世・ビクトリア」など、「女王が君臨する英国」のシンボルか。あるいは、「侵略に対しては反撃する」という国家の意思表示であろうか。

ロンドンに残るロンディニウム

古代都市ロンディニウムの史跡は、タワー・ヒル駅脇や、歴史博物館である「ミュージアム・オブ・ロンドン」の敷地内に残るローマン・ウォールに限られる。しかし、その古代都市の範囲は、二一世紀の今日でも、ほぼそのまま一つの地方自治体として残っている。

ロンディニウムの地域と、今日、グレーター・ロンドンを構成する地方行政区域の一つであるザ・シティ・オブ・ロンドン（ザ・シティ）の地域との間に、大差がない。

ザ・シティの広さは、地域が別名で「ザ・スクエア・マイル」（The Square Mile）と呼ばれるように、一マイル四方少々（おおむね二・九平方キロメートル）である。

ザ・シティは、ロンディニウムが築かれてから今日まで、限られた地域の中で経済活動を継続的に展開し、英国の経済史を考える上で重要な地域である。ロンドンの生活・経済の中心がロンディニウムから少し西方へ一時期移動した時代（ローマ軍撤退後二世紀）を除いて、ロンドン繁栄・大英帝国樹立の原動力となった地域である。

ザ・シティは、地域名であると同時に、金融街を指す。東京の永田町が政界、霞ヶ関が中央官界の代名詞になっているのに似ている。この地域には、イングランド銀行、ロンドン証券取引所、今日世界の保険業界で不動の地位を築くロイズ本社（Lloyd's）などがあり、世界に知られるビジネス街の一つである。

ローマ軍占領の「遺産」

英国の一ポンド・五〇ペンス・二〇ペンスなどの硬貨を注意深く見ると、貨幣デザインの中にD・Gの二文字が含まれているのに気がつく。これは、ラテン語の「Dei Gratia」の略で、「神の恵みによって」を意味する。

ラテン語表記は、貨幣・校訓・紋章・ロゴ・モットーなどに、現在でも使用されている。オックスフォード大学の校訓「Dominus Illuminatio Mea」は「主は私の光」である。ロンドンのプロ・フットボール・クラブの一つである「アーセナル」が、二〇〇一年まで使用していたモットー「Victoria Concordia Crescit」は、「勝利は調和から生まれる」を意味する。

古代ローマ人の言語だったラテン語は、占領終了後も法律・行政・学問・教会で使われる言語として千年紀を超えて生き延びた。このため、ラテン語を語源とする単語が英語に多く含まれている。「ブリテン」(Britain)は、ローマ人が占領国を「ブリタニア」(Britannia)と呼んだのに由来する。ラテン語から派生した英単語は非常に多く、その中には外来語として日本でも使われるものがかなりある。「ファミリー」「スクール」「ライブラリー」「ディプロマ」(修了証書)「フォーラム」「スタジアム」「コンピューター」など枚挙に暇がない。

ローマ人は、ロンディニウムを発展させ、ラテン語を残したのみではなく、有形・無形の多くのものを残している。有形遺産の代表は、「ハドリアヌスの長城」である。この石積みの防衛壁は、イングランド北東部のニューキャッスルから西方へ延びているが、スコットランドからケルト人が侵攻するのを防ぐために一二二年から構築されたものである。有形遺産には、このほかに道路・水道橋・公衆浴場などがある。無形のものには、後述のようにキリスト教も含まれるが、そのほかに基本的な法制度、人口調査、シーザーの太陽暦など、二一世紀になってもその基本が変わらないものが見受けられる。

ロンディニウムを築き、英国史の四〇〇年を作ったローマ人は、五世紀初頭に急遽ローマへ引き揚げ始めた。ローマへの攻撃が周辺から始まり、ローマ防衛が緊急かつ最大の政治課題となったからである。その結果、四一〇年までには引き揚げがすべて完了し、ローマ人による占領統治は終焉を迎えた。

アングロ・サクソンの侵入

ローマ軍が引き揚げると、政治的軍事的に空白が生じた。そこへヨーロッパ大陸から諸民族が「大ブリテン島」（グレート・ブリテン島）の中・南部（今日のイングランド）の各地へと侵入してきた。

ロンドンに侵入した異民族は、新たに都市を作った。その位置は、ロンディニウムをテムズ河畔に沿って三キロメートルほど西へずらした地域である。現在は、ウォータールー・ブリッジが架かっている。

ローマ軍団が築いた「ハドリアヌスの長城」

都市のサイズはロンディニウム

コベント・ガーデンの市場

より小さくなった。この新都市の区域には、現在、トラファルガー広場や、「マイ・フェア・レディー」のミュージカル・映画の背景となったコベント・ガーデンなどが含まれる。

異民族侵入は、四二〇年ころから始まっている。今日の国名を使うと、ドイツとオランダから「サクソン」「フランク」「フリジア」族が、デンマーク南部から「アングル」族が、そしてデンマーク北部から「ジュート」族が入ってきた。これらの民族は、集合名詞的に「アングロ・サクソン」と呼ばれる。

アングロ・サクソンのイングランドへの侵入は、ローマ軍団による組織的な侵略とは形態が異なり、帆一つの小さな帆船などによる小規模な侵入で、数十年にわたって継続した。イングランドの先住民ケルト人との衝突もあれば、何ら抵抗を受けることのないケースも多くあった。

巨視的には、「アングロ・サクソンによるケルト人の征服支配」ではあったが、兵士による攻撃・侵略・統治といった形態ではなく、家具・什器・農耕器具・武器を携え、家畜や家族と一緒の「北海を越えての移住」的な性格の民族移動であった。

アングロ・サクソンが、なぜイングランドへ来たかについての定説はない。

一説には、ローマ軍団が引き揚げた後にイングランドに生じた軍事的空白へ、スコットランド人やアイルランド人が侵入するのを阻止するために、イングランドが「サクソン戦士」を呼び寄せた、というものがある。しかし、一般的には、ヨーロッパの洪水などで農作に適さない地域に住んでいたアングロ・サクソンが、豊かな農耕地を求めてイングランドへ移住してきたと考えられている。

サクソンの言葉で「Angle-Land」と呼ばれたのが「England」になる。

そのイングランドでは、多数の小王国が六世紀末ころには七つの部族国家＝七王国を形成した。七王国は、王国間や、スコットランドとウェールズの部族と攻防を続けたが、八二九年に、ウェセックス国王のエグバート（Egbert）がイングランドを一時期統一した。

ローマ人が築いたロンディニウムは、七王国の一つエセックスに含まれていたが、七王国時代には二〇〇年にわたって衰退を続けた。ロンディニウムは、ローマ帝国との政治・経済・軍事関係で繁栄し得た交易都市だったからであろう。

イングランド国王に即位したバイキング王

アングロ・サクソンの侵入から約四〇〇年たった八世紀末から九世紀初頭になると、デンマーク・ノルウェー・スウェーデンから「バイキング」（Viking）が北海を渡って到来し、イングランド沿岸を繰り返し襲撃するようになった。

襲撃・略奪は沿岸部から大ブリテン島全体に拡大し、内陸部で定住するバイキングも出てきた。バイキングが作った集落の地名の末尾には、特定のアルファベットがつく。「by」（村を意味する）もその一つで、「Rugby」（ラグビー）や「Derby」（ダービー）など、地図上で探すと容易に目につく。私の住んでいるヨーク市内のハックスビー（Haxby）もその一つで、「by」の末尾の地名は、ヨークシャー州内だけでも二一〇に上る。

ロンドン一帯は、八四二年に最初の襲撃を受けた。その後、襲撃・定住は激しくなり、八八〇年代になると市民は防御のため、ローマ時代のロンディニウムの防壁内へ移り住むようになった。

バイキングは勢力を拡大し、一〇一六年には、デンマークの「クヌート」（Cnut または Canute）が、イングランド王の王位を獲得する。

翌年一月に二二歳（前後）の若さでロンドンで戴冠式を行なったクヌート王は、勢力圏を拡大し、一〇一八年にはデンマーク王を兼任、一〇二八年にはノルウェー王にも即位する。

クヌート王の即位により、イングランドは、スカンジナビア諸国を統治するバイキング王国の一つとしてその勢力下に置かれる。その状況は、一〇三五年にクヌート王が亡くなった後も、王位を継承した彼の二人の息子によって、一〇四二年まで維持された。

この時代の日本は、平安中期の摂関政治が絶頂期を迎えた時期にあたる。

「源氏物語」はすでに宮廷で広く読まれ、一〇一八年には、藤原道長が、「この世をばわが世とぞ思ふ望月の欠けたることもなしと思へば」と、その栄華を詠んでいる。だが、クヌート王は、藤原道長以上の広域圏を同時代に掌握していたのである。

フランス系「ノルマン」の征服

一〇〇〇年にわたって、ロンドンを含むイングランドは、ローマ人、アングロ・サクソン、バイキングの侵略・統治を受けたが、異民族による支配は、千年紀を超えても終わることはなかった。

一一世紀半ばになると、フランスのノルマンディー公がイングランドを征服したのである。

一一世紀に入ると、ロンドンの中心地域は、テムズ川に沿ってさらに西へ移動し、現在のウェストミンスター地区になった。

ウェストミンスター地区を代表する建物にビッグ・ベンと国会議事堂があるが、この辺りが一一世紀から新規発展地域の核となったのである。ザ・シティも継続的に発展を続けた。

この地区の歴史的なもう一つの建物が、ウェストミンスター寺院である。

この寺院は、デンマークのクヌート王の子孫から王位を奪還し、アングロ・サクソンの国王として一〇四二年に即位したエドワード懺悔王が、神に感謝する意味合いで建造したものである。「懺悔王」と呼ばれるように、国王はキリスト教を深く信仰していた君主として歴史に残る。

ウェストミンスター寺院が部分的に完成し、一〇六五年一二月二八日に奉献された八日後に懺悔王は

ウェストミンスター寺院

他界し、この寺院に埋葬された最初のイングランド国王となった。

その後、この寺院は、国王・女王の戴冠式や冠婚葬祭の場となり、王室関係者や著名人の多くが埋葬される場所にもなっていく。近年では、ダイアナ元妃の葬儀や、その息子ウィリアム王子の結婚式などで世界に広く知られる。

「懺悔王」が亡くなった一〇六六年は、その継承争いの一年となった。

結果的に、ドーバー海峡を渡って攻め入ったノルマンディー公ウィリアムがイングランドを征服し、同年一二月二五日にウェストミンスター寺院で、イングランド国王に即位する。

ウィリアム征服王のイングランド統治

ウィリアム征服王（William the Conqueror）は、イングランドを統治するフランス（系）の最初

テムズ川河畔のロンドン塔（右端）。左手の奥の、きゅうりを垂直に立てたようなデザインのビルは「ザ・ガーキン」（The Gherkin ＝漬物用の若くて小さなきゅうり）、高さは 180 メートルである。

の国王となったが、「フランスという国家」が、イングランドを侵略統治したわけではない。フランス北西部のノルマンディーを統治していたウィリアム公が、ノルマンディーに加えてイングランドを統治するようになったのである。彼は、人種的にはバイキングの末裔でフランスに帰化した人物の一人であった。

ウィリアム征服王は、イングランドに封建制度を構築していく。

まず、ロンドン塔の核となる部分を居城として構築した。それが拡張されて今日に至っている。同時に、ロンドンを防衛するウィンザー城を含む九つの城や、イングランド各地に城を構築した。

「城」といっても、イングランド各地に侵攻し最初に築いたのは、土を盛り上げた上に建てる木造の砦で、その周辺に溝を掘って防御の基地としたものだった。これらを順次、強固な石積みの城に建て替えていった。征服王が亡くなった一〇八七年までには、城の数はイングランドで八四に上っていた。

これらの城のうち、中世に改築・増築を繰り返して今日まで残っているものの中で、最大のものはウィンザー城である。各地には、征服王の死後に荒れ果てたままの荒城として残っているものもある。

征服王は各地に侵攻して築城し、地域を武力で制圧しながら、アングロ・サクソン貴族の土地を没収した。それをノルマン騎士や司教に与え、彼らに国王への忠誠を誓わせた。

征服王は、一〇八五年から翌年にかけてイングランドの一万三四一八集落の土地所有者名・土地面積と価額・家畜数などを調査させ、「ドゥームズデー・ブック」(Domesday Book) と呼ばれる土地台帳を作成した。これが租税賦課の基となった。

イングランドはこの先、フランス語の会話とラテン語の書類で支配されることになる。「ドゥームズデー・ブック」もラテン語で記述されている。

征服王が築いたノルマン朝の統治は四代続いて一一五四年に終わる。

薔薇戦争

ウィリアム征服王を初代とするノルマン朝は一二世紀半ばに終焉した。しかし、フランス系勢力のイングランド支配は終わらなかった。続いてフランスのアンジュー家とプランタジネット家出身

ヨーク家の紋章「白薔薇」を使った地域名案内標識

の国王が八代にわたって一三九九年までイングランドを統治する。

さらにその後も、プランタジネット家の傍系の国王六人が一四八五年まで君臨する。

この傍系の六人の王は、ランカスター家（赤い薔薇が紋章）とヨーク家（白薔薇）に分かれて、イングランド内で王位を巡って争った（薔薇戦争一四五五〜八五年）。

中世の歴史が蘇るような出来事が近年起きた。プランタジネット家最後の国王リチャード三世の戦死遺体と推測される遺骨が、レスター市内の駐車場地下で発見されたのだ。

その後、リチャード三世の末裔の男性が家系図から割り出された。その人物は、カナダ生まれで、現在ロンドンで家具職人をしている。ＤＮＡ鑑定で、発見された遺骨はリチャード三世であることが、二〇一三年二月に確定した。

イングランドの中世封建諸侯の争いであった薔薇戦争は、五〇〇年前に終わったが、現在、薔薇戦争で戦死した最後の国王リチャード三世の遺骨を巡って争いが起きている。

遺骨の再埋葬地をレスター大聖堂にするか、国王と縁があるヨーク市内のヨーク大聖堂にするか、争いが生じ裁判になっている。この状況を、冗談で「第二次薔薇戦争」と呼ぶ人々もいる。

ドラゴンと赤い十字架の紋章

ロンドンのザ・シティを歩いていると、翼を持ったドラゴン（龍）をデザインに使った紋章によく出合う。

ザ・シティ地区の境界を示す標識として、白い旗と銀色のドラゴンから成り立つ立体像が道路わきに建っている。その像の石材台座には「CITY OF LONDON」と刻まれている。

ザ・シティ地区の境界を示す標識。ドラゴン像

像の一部である旗は、聖ジョージ旗と同じように白地に赤い十字架であるが、十字架に赤い剣が小さく入っている。

銀色のドラゴンが使われるようになった背景には、聖ジョージがドラゴンを退治したという伝説がある。日本の記紀神話に出てくる、須佐之男命がヤマタノオロチ＝八岐大蛇を退治したという話を連想する。

ドラゴンと聖ジョージ旗は、境界標識として用いられる他に、商店街のアーケードの上部に装飾としても使われる。

ギルドホール（旧市庁舎）

また、ドラゴンと聖ジョージ旗は、ザ・シティの紋章のデザインにも組み込まれている。

この紋章がすぐに目につく場所は、ザ・シティの市庁舎であるギルドホール（Guildhall）である（グレーター・ロンドン全体の庁舎であるシティ・ホールとはまったく別の建物）。

ギルドホールは、サザーク・ブリッジの北端の真北六〇〇メートルに位置している。一四一一年から四〇年にかけて建てられたもので六〇〇年近くの歴史を持つ。西には、セント・ポール大聖堂、東にはイングランド銀行がある。

ギルドホールの北側に隣接する現代的な建物で、市庁舎の日常業務が行なわれるが、その入口の外壁に大きな紋章がついている。

紋章に、聖ジョージ旗と赤い剣が含まれているのは、境界標識などと同様だが、銀色のドラゴンは二頭である。また、ラテン語でザ・シティのモットーであ

ギルドホールそばのザ・シティの市庁舎

市庁舎入口のドラゴンをデザインしたザ・シティの紋章

る「DOMINE DIRIGE NOS」が加わっている。意味は、「主よ、我らを導き給え」である。

キリスト教の守護聖人にまつわる伝説と十字架をデザイン化し、ラテン語でモットーを書いた紋章は、英国・ロンドンの政治が、宗教・伝統と密接なつながりを持って今日に至っている事実を如実に物語っている。

国王や女王が、境界標識を越えてザ・シティ内に入る場合は、ザ・シティの事前の了解を得るのがロンドンの伝統であり、二一世紀の今日も守られている。自治権の尊重である。一般市民や観光客は自由である。

独自警察を持つザ・シティ

ザ・シティ内の観光名所であるセント・ポール大聖堂やミュージアム・オブ・ロンドン、イングランド銀行やロンドン証券取引所の辺りを歩いていると、見かける警官の制服がロンドン警視庁の制服と少し異なることに気づく。

グレーター・ロンドン内には、二つの警察組織が存在する。

一つは、三二のバラー（特別区）を管轄するロンドン警視庁である。通称は、当初本部が置かれた地名にちなんで、スコットランド・ヤード（ウェリントン政権下の一八二九年にホワイトホールの脇道に創立。名前の由来は諸説あるが、スコットランド王家が所有する邸宅跡地であったと言われている）である。英国の刑事・私立探偵物語によく出てくる警察である。現在は、本部が、ウェストミンスター地区に移り、ニュー・スコットランド・ヤードと呼ばれる。もう一つの警察が、ザ・シティのみを管轄とするザ・シティ・オブ・ロンドン警察（ロンドン市警察）である。

ロンドン警視庁の警官の制服に使われるバッジやボタンは、銀色系であるが、ロンドン市警察は、金色系である。警官の帽子やヘルメットにつけられるバッジ（徽章）のデザインは、前者は王冠を中心として、国王・女王の警察を象徴している。対して、後者は、ザ・シティの紋章の中の、聖ジョージ旗と剣が中心である。さらに、ロンドンの警官は、帽子の周りに日本の昔の学生帽の白線のように、帯をつけている。その模様は、ロンドン市警官の場合、白と赤の正方形を交互に並べて、三段にした千鳥格子模様である。この赤と白も、聖ジョージ旗の白地に赤い十字架に由来する。ロンドン警視庁の場合は、白と黒の正方形の千鳥格子模様である。

「ザ・スクエア・マイル」の別称を持つ小さい面積の自治体で、住民数約八〇〇〇人のザ・シティが、八五〇人の警官と四〇〇人を超える事務スタッフから成る独自警察組織を持っている。その理由として、昼間就業人口が三五万人になる事実も挙げられる。しかし、根本理由は、自治権の象徴の一つとしての警察の独自維持であろう。

ザ・シティの自治は、ウィリアム征服王のロンドン統治以前にすでに芽生えていた。何らかの警察機能は、ロンディニウム時代から存在したといわれる。一〇〇〇年以上前から、ザ・シティの行政や司法事項は、Aldermen（オールダメン＝長老）と呼ばれる人々が会議を開いて決めていた。一般市民の政治参加も都市の発達にしたがって制度化されていく。一〇三二年には、長老市会議員（Aldermen）が会議を持った記録が残る。一二八五年になると、オールダメン制度に加えて、ザ・シティの各区から選出された一般市民四〇人が市議会を開いている。

今日のザ・シティの議員定数は、オールダメンが二五人・一般が一〇〇人である。両者が選挙で選ばれる。

六八六代目のザ・シティの市長

ザ・シティの狭い地域内で、毎年一一月の第二土曜日に、中世の衣装を身につけた人々が行進する。市長を市民に披露する伝統行事で八〇〇年の歴史がある。

その年に選出された新市長は、黄金の馬車に乗り、行進行列には六五〇〇人が多様な役を背負って参加する。馬車一五〇台・馬二〇〇頭が、五キロメートル以上の距離を行進する。中世では沿道の観衆は市民中心だったが、現代では住民に加えて観光客も列を作る。

市長披露は、一二一五年に、ジョン国王がザ・シティの自治権を認めた際に、市長の義務として定めた。市長は、国王に忠誠を誓うと同時に、市民に自らを見せなければならない義務を負っている。この行列が、「市長のショー」と呼ばれるように、「ショー＝Show」であり、市長を市民に見せるものである。

ザ・シティの初代市長は、一一八九年に国王によって任命された。しかし、一二一五年から、ザ・シティは、市長（当初はメイヤー。以後、ロード・メイヤー）とシェリフ（司法・保安などを担当。現在二人）を市民が選ぶ権利をジョン国王に認めさせた。

市長とシェリフは、行政一般と司法を掌《つかさど》るので、この権限の譲渡は、ザ・シティの地方自治権の確立を意味した。

二〇一三年に選ばれた市長は、六八六代目の市長である。

新市長は、国際コンサルタントとして活躍し、イングランドの法曹界でも重要な地位に就いていた女性法律家である。女性市長としては、八〇〇年の市長の歴史上二人目だ。女性の地位が比較的高い英国でありながら、二人目であるのは、ザ・シティは、貿易・金融といった伝統的には男性のビジネスの世界だからであろう。

市長の任期は一年である。しかし、中世においては同じ人物が数年務めた。このため、初代市長が誕生したのが八〇〇年以上前でありながら、二〇一三年選出の市長は、六八六代目である。

ザ・シティは、今日まで継続して存在している世界最古の地方自治体である。この自治継続期間を日本の歴史に当てはめると、鎌倉幕府が樹立されたころから今日までに該当する。

マグナ・カルタ（大憲章）は英国人の誇り

英国の「国家アイデンティティー」を祝う日として、「何月何日」がもっとも相応しいかと、「BBC歴史マガジン」が二〇〇六年に読者に問いかけて、投票で最多の二七％を獲得したのが、「六月一五日」だった。一二一五年に、ジョン国王に「マグナ・カルタ」を受け入れさせた月日である。「マグナ・カルタ」（Magna Carta）はラテン語で、英語では「Great Charter」と呼ばれ、「大憲章」と日本語に訳される。全文がラテン語で羊皮紙に手書きされている。

一二一五年に作成されたいくつかのコピーのうちの二部は、大英図書館（英国図書館）に保管・展示されている。「コピー」と表現されるが、一二一五年に同時に複数部手書きされたオリジナルのうちの二部である。

マグナ・カルタは、王権を乱用するジョン国王に、二五人のバロン（封建領主）が中心となって制約を加え、それを確認した文章である。

バロンたちが、王権の乱用と受け止めた最大の問題は、バロンと協議することなく度重なって行なわれた増税だった。バロンは、国王が遂行する戦争に必要となる戦費を税金で支払い、その上、戦士を送り出していた。このため、国王が税金を課す場合、バロンたちと協議し了承を得るのが慣行だった。しかし、ジョン国王は、フランス北部での戦争に負け、その奪還に向けてさらに兵を送り出し、次から次とバロンたちと協議することなく増税を押しつけた。

怒ったバロンたちは国王に反逆して立ち上がり、国王にはバロンたちの要求を受け入れる以外に王位を維持する道がなくなった。

バロンたちと国王の交渉は、国王の居城・ウィンザー城から数キロ離れたテムズ川河畔の「Runnymede」（ラニーミード）で行なわれた。

要求六三（六一と数える説もある）項目を記載した羊皮紙の書面に、国王は承諾した証として、「seal」（シール＝封蝋）をつけている。「国王が署名した」なる表現は、日英の教科書などでも使われているが、国王は「署名」はしていない。ラニーミードの、野営で行なわれた国王とバロンの交渉地点は厳密には確定していない。

今日に生きるマグナ・カルタ

マグナ・カルタは、今日でも法的拘束力を持つ条項を含んでいる。

まず、「教会の自由と権利」を認め擁護している。具体的には、教会が大司教任命などの人事を自由に行なう権利を国王に認めさせたのである。

また、ザ・シティやそのほかの市・町・港湾などの「自由と慣習」を確認している。

ザ・シティは、前述のごとく、市長とシェリフを選ぶ権限をジョン国王から得たが、その時期は、マグナ・カルタを国王に認めさせた数週間前だった。ザ・シティに国王が自治権を与えたのも、ザ・シティの支持を失って税金が徴収できなくなったら王位を維持できなかったからである。

さらに、「Free man」（フリー・マン＝封建時代に農奴の身分でなかった者）は、国の法律に違反し裁判による判決を受けた場合を除いて、「身柄拘束や投獄」「権利や財産の剥奪」「追放や流刑」を受けることがない、と確認している。

マグナ・カルタは、すべての人民を対象としたものではなかった。しかし、その多くの条項は、その後、人民の自由と議会の権利を擁護したものと解釈され、「英国憲法」を構成する一つの重要な憲章となる。さらに、「清教徒革命」「アメリカ合衆国独立宣言」「世界人権宣言」などへ多大な影響を与えることになった。

マグナ・カルタを否定したローマ教皇

ローマ教皇インノケンティウス三世は、マグナ・カルタを、国王に対して教皇が持つ権威・権限への侮辱と受け止め、「無効」と宣言している。

マグナ・カルタが、教会の自由権を認めているにもかかわらず、それをローマ教皇が否定したのは不自然に思われる。しかし、当時、ローマ教皇がイングランドに限らず、ヨーロッパ諸国に及ぼしていた影響力は絶大なものであった。

ジョン国王は、戦費捻出で増税を繰り返してバロンたちと対立していただけではなかった。イングランドの教会（当時はカトリック）の頂点に位置するカンタベリー大聖堂の大司教選出などを巡って、ローマ教皇とも対立していた。

対立は、意見の相違レベルではなく、ローマ教皇は、一二〇七年には、イングランドの教会での礼拝・宗務サービスを禁止してしまった。そのため、葬儀などが教会で行なえなくなった。さらに一二〇九年には、国王はローマ教皇に破門された。キリスト教が深く信じられていた当時、破門されることは死後に天国へ行けないことを意味した。

ジョン国王は、マグナ・カルタを認める前に、ローマ教皇に忠誠を誓い破門を解かれていた。しかし、イングランド国王はローマ教皇の下に位置し、支配されるものとの力関係は変わっていなかった。

ローマ教皇からすれば、国王の上に立てるのは教会（＝ローマのバチカンの総本山）のみであった。具体的には、国王を支配できる人物は、ローマ教皇だった。この力関係の認識からすれば、マグナ・カルタは、国王の上に立つことができないバロンたちが、不当に国王を支配したものだった。それは同時に、ローマ教皇の権威・権限を否定するものであった。

教皇は、マグナ・カルタは、バロンたちが脅迫して国王に押しつけた違法なものであり、よって無効とその年の八月に宣言している。

ローマ教皇の強大な権威・支配権は、後述のように、ヘンリー八世がローマのカトリック教会と絶縁し、プロテスタントのイングランド国教会を創立するまで継続することになる。

国会議事堂周辺とウェストミンスター特別区

ロンドンの絵葉書の一つに、国会議事堂とビッグ・ベンの写真がある。その多くは、左側に細長い国会議事堂の建物、右端が高いビッグ・ベンの時計台になっている。

この構図は、ウェストミンスター・ブリッジを西から東へ渡り、テムズ川の南岸（サウス・バンク）から撮影したものである。（橋を東へ渡って南岸に至るのは、この橋は、蛇行するテムズ川に東西に

国会議事堂とビッグ・ベン

架かっているからである。）

国会議事堂がある一帯は、ロンドンの三二の特別区の一つである、ウェストミンスター特別区に含まれる。しかし、この特別区の名称は、他の三一のバラーと異なって、特別区名に、バラーをつけない。ザ・シティ・オブ・ウェストミンスターである。

この特別区には、ロンドン観光の代表的な場所・建物の多くが含まれる。ウェストミンスター寺院、バッキンガム宮殿、トラファルガー広場、ナショナル・ギャラリー、ハイド・パーク、テート・ブリテンなど、かなりの数に上る。

国会議事堂は、絵葉書などで見ると、一つの長細い大きな建物に見える。しかし、その建物の反対側から見ると、複数の建造物から成り立っている建物群であることがわかる。議事堂を含む「建物群」の正式名は、「パレス・オブ・ウェストミンスター」である。

「パレス」の名が示すように、議事堂は、ここに八

美術館の「テート・ブリテン」

テート・ブリテン展示のターナーの絵画を観る人々

世紀初頭にあった修道院を核として、元々は複数の建物から成る王室の宮殿として構築されたものである。ウィリアム征服王も、ロンドン塔に加えて、ここを宮殿の一つとして使っていた。宮殿は一部を除いて一八三四年の火災で焼失し、現在私たちが見るのは、一八四〇年から七〇年にかけて再建されたものである。

焼失を免れた建物に、ウェストミンスター・ホールが含まれる。この大きなホールは、ウィリアム征服王の息子が一〇九七〜九九年にかけて建造したもので、現在に至っている。

ウェストミンスター特別区は、政治・王室の舞台となる地域である。ザ・シティが歴史的にビジネスの拠点であるのと対照的である。

イングランド議会の誕生

ウェストミンスター宮殿は、パーラメントとも呼ばれる。パーラメントの語源は、話をする場であるが、今日では、英国の国会を指す。

パーラメントという表現が最初に使われ出したのは、一二三六年ころである。当時は、国王が国政に関して、貴族や高位の聖職者と協議のミーティングを行なう場を指していた。

このような特権階級と国王のパーラメントとは別の、選出された一般国民が国政を協議する場としてのパーラメントが最初に召集されたのは、特権階級の最初のパーラメントから三〇年近く後であった。開催場所は、現存しているウェストミンスター・ホールだった。

一二六五年に、各州を代表する四人といくつかの「タウン」（町）の代表からなる「イングランド初の議会」が開かれた。当時の国王・ヘンリー三世の名で議会を召集したのは、国王の縁者でフランスの一部を統治していた、シモン・ド・モンフォール（Simon de Montfort）であった。

この議会が、イングランド最初の議会と呼ばれる理由は、代議士の選出が、各州と地方の「タウン」を基盤とし、代議士は貴族・聖職者などの特権階級でない市民から選ばれたからである。この議会に先立つ、国王と特権階級のミーティングを議会上院の始まりと考えれば、この議会は下院の始まりであった。

議題は広範であった。議会は、「国王のローマ教皇への財政的・軍事的援助」「そのほかの外交政策」「裁判執行形態」「国王の戦費」「国王の浪費の改革」を審議している。

イングランド「下院」（House of Commons）の起源となるこの国会召集で、シモン・ド・モンフォールは、英国の「議会の父」「民主主義の父」と呼ばれている。

その後、一二九五年には、スコットランド遠征費用捻出を審議する議会が、貴族と司教などの聖職者に加えて、各州代表二人と各「シティ」（市）または「タウン」代表二人で開かれている。これがその後の議会の雛形となったため、「模範議会」と呼ばれる。

古くて新しいウェストミンスター大聖堂

議会近くのウェストミンスター寺院から南西へビクトリア駅方面へ移動すると、一キロメートル程度の位置に、地上高九〇メートル近くのタワー（時計台）を持つレンガ色の大きな建物が目につく。ウェストミンスター大聖堂である。

周辺の建物と異なり必ず目につくのは、褐色の建物がとても大きいのとタワーがそびえているからのみではない。この大聖堂は、建築がネオ・ビザンチン様式で、ウェストミンスター寺院やウェストミンスター宮殿のゴシック様式と異なるからである。

外見上の違いは建築様式だが、この両者には、歴史上・宗教上の極めて大きな違いがあり、英国の歴史を考える上で避けて通れない、「キリスト教・政治・王室の相関」を象徴している。

ウェストミンスター大聖堂

今日における相違点は、まず、ウェストミンスター大聖堂は、カトリックの大聖堂で、ウェストミンスター寺院は、プロテスタントであるイングランド国教会の寺院である。

さらに違いは、大聖堂は、イングランド・ウェールズにおけるカトリック教の組織上の総本山である。対して、寺院は、キリスト教の特定の管轄教区に属さない、王室直轄の礼拝施設である。

建造物の時代背景にも大きな違いがある。大聖堂の建築が完成して、奉献する献堂式典が挙行されたのは一九一〇年で、一世紀前である。反面、寺院は、一一世紀半ばの創建で千年紀の歴史を持つ。

しかし、キリスト教がローマからイングランドへ伝来した当時は、キリスト教はカトリックであった。この意味では、ウェストミンスター大聖堂は宗教的には古く、建造物としては新しいのである。

キリスト教・政治・王室の複雑な相関を見るには、キリスト教の伝来に遡らなければならない。

キリスト教のイングランドへの渡来

ミレニアム・ブリッジを南から北へ向かって歩くと、正面に大聖堂のとても大きなドームが目に入ってくる。白色に近い石材のドームで、バロック建築様式の聖堂本体の上に、石材の巨大な円柱・半球・直方体を積み上げてドームにしたようなデザインである。高さは、一一〇メートルを超える。

これが、セント・ポール大聖堂である。日本では、聖パウロ大聖堂とも呼ばれる。

セント・ポール大聖堂は、火災で数回破損・焼失し、現在の大聖堂は、ロンドン大火（一六六六年）で完全焼失した後に再建されたものである。完成は一七一〇年だ。

セント・ポール大聖堂。右に弧を描くのがミレニアム・ブリッジ。手前は遊覧船

この大聖堂は、チャールズ皇太子とダイアナ元妃の結婚式が挙行された場所として日本でも知られているが、イングランド国教会のロンドン教区の最高位の大聖堂である。（カトリックの大聖堂は、前述のように、ウェストミンスター大聖堂である。）

セント・ポール大聖堂の位置に、最初の教会が建ったのは六〇四年である。

キリスト教は、ロンディニウム時代にすでに渡来していた。しかし、宗教として広範に広まり始めるのは、伝道使節団がローマから渡って来た六世紀末からである。

五九七年、ローマ教皇グレゴリウス一世は、アウグスティヌスと約四〇人の修道士を、イングランドへ宣教のため派遣した。

一行は、ケント王国のカンタベリー（ロンドンの東南東八七キロ）を布教の拠点とした。この地に、カンタベリー大聖堂が発展して今日に至っているが、アウグスティヌスは、大聖堂の初代の大司教になった。これが、イングランドの最高位の大聖堂である。第二位の地位にあるのが、ヨーク市内のヨーク・ミンスター（大聖堂）である。

イングランドに上陸したキリスト教は、南のカンタベリー教会管区と北のヨーク教会管区の二つの大教区を核として普及していくが、普及の過程には、各地のアングロ・サクソン小国の国王・権力者をキリスト教に帰依させる方策も採られた。

宣教師にとっては、国王をキリスト教に帰依させ、国王の保護の下で布教活動を行なうのは、安全で効率の良い方策であった。また、国王にとっては、王権をキリスト教の権威で裏打ちすることによって、政治統率力を強化することができた。教会と国王の双方にとって、宗教と政治を結びつけることは大きな便益があったのである。

キリスト教はイングランド全域に着実に定着した。一二〇〇年ころには、ザ・シティは合計一一〇の小教区によって治められ、各教区に教会が建った。

キリスト教のイングランド「上陸」と、日本への仏教公伝は、偶然同じ六世紀に起こり、両者には大陸から島国へ伝わったという共通点もある。しかし、根本的な相違として、イングランドはローマ教皇を頂点とするカトリック教会制度の拘束と影響を何世紀にもわたって受けることになる。

このローマ教皇の宗教的・政治的影響力を断ち切って、イングランドに「イングランド国教会」を創設したのが、ヘンリー八世であった。

III

国家アイデンティティーの確立

王立取引所（右）とイングランド銀行（手前左）。
中央の騎馬像はウェリントン公爵

イングランド国教会の創設——妻二人を斬首刑にした国王

ロンドンの博物館や美術館に限らず、歴史ある建物を訪れていると、国王・女王に加えて歴史上の重要人物の肖像画が目につく。そのような人物の中で印象に残るのが、ヘンリー八世とエリザベス一世である。簡単に見られるのは、トラファルガー広場のすぐそばにあるナショナル・ギャラリーの別館（ナショナル・ポートレート・ギャラリー）である。

ヘンリー八世は、人一倍がっちりした体格で、際立って力強く描かれている。エリザベス一世は、白色の面長で大きなドレスを身につけ、ドレスのラフと呼ばれるひだ襟が時代を反映している。

この二人は、薔薇戦争が終結した直後からイングランドを統治した、ウェールズ地方出身の「チュダー家」の国王と女王合計六人の中の重要人物である。チュダー朝（一四八五〜一六〇三年）は、今日でも話題になる国王と女王を輩出している。

ヘンリー八世は、英国史を大きく転換させた人物の一人である。国王は、ローマとキリスト教上の縁を断ち、一五三四年に、「イングランド国教会」（The Church of England）を創設し、その最高の地位に就いた人物である。

カトリックとの絶縁は教義上の相違が理由ではなかった。ローマ教皇がヘンリー八世の離婚を認めなかったのが主因である。国王が離婚を求めたのは、最初の妻がヘンリーの王位を継ぐ男児を出産しなかったのが理由であった。しかし、ローマ教皇はカトリックの教義上、離婚を認めなかった。

トラファルガー広場に隣接するナショナル・ギャラリー

国王は、王位を確実に男児に継承するためなどの理由で、六回結婚している。正規の妻であるから一時期には一人で、合計六人の正妻を在位中に順次迎えた。その六人中二人とは離婚し、二人を斬首刑にしている。後の王となる男児を出産した三番目の妻は産後間もなく死亡し、六番目の妻のみが、ヘンリー八世の死後まで生き延びた。

斬首刑の理由には、妻の不倫そのほかが挙げられるが、冤罪との見方が支配的だ。しかし、今日まで確定した学説はない。

斬首刑の場所は、ロンドン塔である。当時、一般の罪人は屋外で公開の絞首刑になった。ロンドン塔内の斧による斬首刑は、私的で気品ある処刑と考えられていた。また、一刀両断だと絞首刑のように苦しまないという考えもあった。

皇室関係者や国の要人で死刑になった者の中には、ロンドン塔の城壁の外で斬首刑になった者がいる。

彼らは、非公開にするほど重要人物ではなく、絞首刑にするほど身分が低くもなかったのである。

王位継承と宗教の問題は、チュダー朝を通して再燃し、多くの血が流れることになる。カトリックとの絶縁の背景には、カトリック修道院が所有していた膨大な土地・建造物・財産の没収も目的にあった。

ヘンリー八世は、八〇〇を超える修道院とその関連施設を破壊・没収・売り払い、膨大な富を得た。この過程で王権で取り上げた宮殿・邸宅と、自ら建てた宮殿の合計は五〇を超え、そのうちセント・ジェームズ宮殿など二一はロンドンにあった。狩猟用に獲得した用地が、現在のハイド・パークになった。

レディー・ジェーン・グレイの処刑

トラファルガー広場に隣接するナショナル・ギャラリーの各展示室を順番に回っていると、必ず誰の目にもつく大きな絵画が「Room 41」に一点ある。

縦二・五メートル・横三メートル近くの油絵で、「The Execution of Lady Jane Grey」（レディー・ジェーン・グレイの処刑）とタイトルがついている。

この絵画は、ローマ教皇と絶縁し、イングランド国教会を創設したヘンリー八世以降の、政治と宗教が密着した血に塗られた歴史を物語っている。

この絵は、ロンドン塔内で女性を処刑するシーンである。絵の中央に、純白のドレスを着て白い布で目隠しされた若い女性がいる。自分の前に置かれている木のブロックを手探りしている。その後ろから聖職者がそっと手を差し出して彼女の手探りを手助けしている。彼女の左側には、赤い帽子を被った大きな男が、黒光りする大きな斧をステッキのように使って身を支え、準備が整うのを待っている。木のブロックの周りには血を吸うように麦わらが敷き詰められている。

「レディー・ジェーン・グレイの処刑」は、斬首刑の場所が屋内に設定されているが、処刑場所は、ロンドン塔の内庭の「タワー・グリーン」である。そのほかは史実に基づく。

ジェーン・グレイは、王位継承争いと、カトリックとイングランド国教の対立が絡む歴史の犠牲者で「九日間の女王」と呼ばれる。

ヘンリー八世の死後、王位を継承した息子エドワード（エドワード六世）が若死にする。そして、エドワードの周囲の人間の私欲がらみの策動の結果、本人の意思とはまったくかかわりなく、プロテスタントのジェーン・グレイが女王の地位に据えられることになる。

彼女は、ヘンリー八世の父親の曾孫で、エドワードの従姉妹にあたった。王位継承順位はかなり下であったが、亡くなったエドワードの遺言に、後継の王として、プロテスタントのジェーンの名前があった。この遺言は、王位を狙うジェーンの縁者や、その側近でプロテスタントの王を望む勢力がエドワードに押しつけたといわれる。

しかし、それを許さなかったのが、ヘンリー八世の娘の一人で、カトリック教徒のメアリーだった。彼女はカトリック教徒の後押しを受け、軍隊を編成して女王の地位を奪い取り、メアリー一世として即位する。

王位奪還の政争の過程で、メアリーは、ジェーンがカトリックに改宗すれば、死罪にしないと伝えたといわれる。しかし、改宗する意志のなかったジェーンは、一五五四年二月一二日に斬首刑を甘受する。女王の地位に就いていたのは九日間だった。享年一六歳。

「ブラディー・メアリー」と呼ばれた女王

ロンドンのバーで若い女性がよく口にしているカクテルの一つに、「ブラディー・メアリー」(Bloody Mary)がある。トマト・ジュースと蒸留酒ウォッカをベースとして、ハーブや香辛料を加えた冷たい飲み物である。

このカクテルの名は、女王メアリー一世のニックネームだった「ブラディー・メアリー」に由来すると一般にいわれている。英単語の「ブラディー」の意味には、「血のような」「血なまぐさい」「残虐な」などがあり、カクテルの色が血を連想させるからである。

メアリーは、ヘンリー八世と最初の妻との間に生まれ、成人した唯一の子であった。もし、メアリーが男子だったら、ヘンリー八世はローマとの縁を切ったり、イングランド国教会を創立することはなかったであろう。また、メアリーがプロテスタントであったならば、レディー・ジェーン・グレイを女王の地位に就ける策動も起きなかったであろう。

残虐な斬首刑を執行して女王の地位を得たメアリーであったが、彼女と彼女を支援したカトリック勢力にも一理あった。ヘンリー八世は、息子エドワードが王位継承者を残すことなく他界した場合、メアリーが王位に就くよう、遺言に残していたからである。

カトリックを信奉していたメアリー一世は、プロテスタントを弾圧した。

女王は、在位中（一五五三〜五八年）に三〇〇人前後の主要プロテスタントを火刑に処した。ロンドン市内のスミスフィールドの処刑場のみでも、火あぶりで処刑された信者は二〇〇人に上った。現在、そこに平和を願うガーデンが造られている。

宗教弾圧は、イングランド国教会側からも起こり、宗教改革が定着するまでに数百人規模のカトリック信者が処刑されている。

メアリー一世は、五年間の在位中に、父親がプロテスタントにしたイングランドの国教を、カトリックに戻した。さらに、ヨーロッパで黄金時代を迎えていたカトリック教国スペインの国王と結婚した。

火刑による残虐な弾圧とカトリック教国との縁組で、国民の人気はなくなったのみでなく、「ブラディー・メアリー」と呼ばれるようになっていく。メアリーは、子どもを生まなかった。結果、ヘンリー八世の遺言にしたがって、メアリーの異母妹のエリザベスが即位する。

「バージン・クィーン」＝エリザベス一世

メアリー一世の死によって即位したエリザベス一世は、四五年間の在位期間（一五五八〜

一六〇三年）中に、イングランドの黄金時代を築き、再度プロテスタントを国教として、イングランド国教会を成長させた。

女王は、ロンドンにあるユネスコ世界遺産の場所・建物四つにかかわった人物である。生まれた場所は、グリニッジ宮殿（グリニッジ・パレス）である。その一帯は現在、ユネスコが「海事都市グリニッジ」と指定している。宮殿自体は取り壊されたが、その場所に王立海員病院が建てられ、その建物は、現在は、旧王立海軍大学として威容を誇っている。

姉のメアリー一世は、在位中にプロテスタントであるエリザベスを危険視し、ロンドン塔（ユネスコ世界遺産）に数カ月間幽閉している。ロンドン塔は、エリザベスの実母が、エリザベスの実父ヘンリー八世に不倫の濡れ衣を着せられて、斬首刑に処せられた場所である。

戴冠式はウェストミンスター寺院で、女王はウェストミンスター宮殿の議会で演説をしているが、両方の建物がユネスコ世界遺産である。埋葬場所は、ウェストミンスター寺院だった。

女王は、即位当初から、カトリックに対して寛容な態度をとった。女王に忠誠を誓い、カトリックを政治に結びつけない限り、弾圧や禁止は行なわなかった。しかし、後述のように、英国内でもヨーロッパでもカトリック勢力の王権打倒の企てやプロテスタント国への攻撃は現実に生じていた。

女王は、一生独身を通し、「バージン・クィーン」と呼ばれた。

独身を通した理由は、国内の誰かを結婚相手に選ぼうとすると、どこかの勢力に利用され、海外の皇室の中から選ぶと、外交紛争や戦争に巻き込まれるとの、鋭い洞察力があったからだといわれ

グリニッジ宮殿があった場所に建つ旧王立海軍大学。写真中央奥のビル群は金融街のカナリー・ウォーフ（260ページ参照）

ている。結婚を強く勧める側近には、「私はイングランドと結婚している」と言ったと伝えられる。

イングランド初の世界一周航海

セント・ポール大聖堂があるテムズ川の北側から、ミレニアム・ブリッジを渡って南岸に着き、川下のロンドン・ブリッジ駅方面へ五〇〇メートルほど歩くと、賑やかな河畔のレストランやビルに囲まれた一画に、中型の帆船が浮かんでいる。

帆船は、イングランド初の世界一周航海を行なったゴールデン・ハインド号（The Golden Hinde＝黄金の雌鹿）のレプリカである。全長三六・六メートル、主マスト高二八メートルの中型帆船だ。

帆船の内部は博物館になっている。案内役は、チューダー朝時代の衣装を身につけ、船員や兵士となって寸劇を交えて説明する。エリザベス女王時代の大航海の模様を来館者に味合わせるのである。帆船は、

ゴールデン・ハインド号のレプリカ

結婚式の披露宴や、会社のイベント、誕生パーティーなどにも貸し切られる。

ゴールデン・ハインド号は、「大航海時代」のイングランドの快挙を象徴するものだが、同時に、この大航海は、イングランドの先を進んでいたポルトガルとスペインへの挑戦開始を意味していた。

大航海時代の先陣をきったのは、ポルトガルとスペインである。ポルトガルのバスコ・ダ・ガマは、一五世紀末にインドに到着し、晩年には、ポルトガル領インド総督になっている。スペインの援助を得たコロンブスは、一四九二年に西インド諸島を発見した。また、マゼランは、南アメリカ南端の「マゼラン海峡」の発見で知られるが、彼がフィリピン諸島で殺害された後、彼の部下たちは一五二二年にスペインに帰還し、世界で最初に世界周航を達成していた。

ゴールデン・ハインド号を旗艦とする五隻の艦隊が、世界一周を目指して、イングランド南西部のプリマス港を出港したのは、一五七七年一二月だった。旗艦の船長は、フランシス・ドレークだった。艦隊は、大西洋からマゼラン海峡を経て太平洋に出た。その後、インド洋に至ってアフリカ大陸南端の喜望峰を回って、ゴールデン・ハインド号のみが一五八〇年九月に帰還している。艦隊長ドレークは、エリザベス一世から「私掠特許状」を与えられてこの航海に出ていた。私掠特許状とは、民間の船が敵国の船舶を攻撃・拿捕して財産を略奪する許可を国家が与えたものである。ドレークは、チリやペルー沿岸のスペイン植民地領や船舶を略奪し、膨大な金・銀を持ち帰り、女王に献納している。

これらの功労によって、ゴールデン・ハインド号がテムズ川河口へ航行してきた際には、エリザベス一世が赴き、船上でドレークに「ナイト」の爵位を授与している。彼はまた、国会議員にもなり、イングランド海軍での高位も得ている。

スペイン「無敵艦隊」を排撃したエリザベス一世

ゴールデン・ハインド号が、スペインの船や海外領地を攻撃・略奪しながら世界一周を達成した八年後にスペインの本格的な反撃が起きた。

一五八八年夏には、エリザベス一世打倒・イングランド征服を狙って「スペイン無敵艦隊」を仕向けてきたのだ。

スペイン艦隊は、八〇〇〇人の船員が操船する一五一隻の舟艇と一万八〇〇〇人の兵士から編成されていた。舟艇に搭載されていた大砲の総数は、二五〇〇門を超えた。

これを、エリザベス一世自らが第一線に出向いて排撃した。

女王が、テムズ川河口のティルバリー（Tilbury）を防衛していた四〇〇〇人の兵士を前に行なったスピーチが、歴史に残る。

「私は、弱い身体を持ったひ弱な女だと承知しているが、私は、王の、イングランド国王の心と勇気も持っている。……私自身が武器を取る。……私たちは、もうすぐ、私の神・王国・国民の敵に打ち勝ち偉大な勝利をもたらす」

イングランド艦隊は、スペイン無敵艦隊に比較して艦船数も少なく軍艦も小型だった。商船を一時的に戦艦に改修した程度のものも含まれていた。艦隊の実質的指揮を執ったのが、世界一周を果たした後、海軍の副司令官を務めていたフランシス・ドレークである。

両艦隊は、一五八八年八月六日に、英仏海峡で戦闘を交える。

ドレークの戦術は、組織化された海軍戦術ではなく、体当たり的な海賊戦術だった。可燃物を満載した舟艇に放火し、燃え上がる舟艇を敵艦隊に次から次と突進させた。これによって、意表を突かれた無敵艦隊が編成を乱し、そこへ強風も防衛側のイングランド艦隊に有利に吹き、敵艦を撃沈・難破・排撃に追いやった。後年、この海戦は、「神が風を吹き、そして彼らは追い散らされた」と表現される。

無敵艦隊の排撃を通して、女王への信望が幅広い国民の間でさらに高まった。この国民感情は、女王にも伝わっていた。議会で女王が行なったスピーチの、「いかに高価な宝石でも、あなたたちの（女王への）愛ほど価値ある宝石はない」の一節が、これを物語っている。

王立取引所と東インド会社

ロンドンの地下鉄駅の一つに、「Bank」（銀行）がある。バンク駅で下車して、地上へ出るとイングランド銀行がそびえていて、駅名の由来がわかる。その横にあるのが、古代ローマ建築様式で建てられた王立取引所（ロイヤル・エクスチェンジ）である。

建物の一側面は、一〇本の石材円柱で屋根を支えている。二等辺三角形の切妻屋根の下にはローマ彫刻が施されていて、すぐに目につく建物だ。現在は、高級品を扱うショッピング・モールになっていて、レストランや喫茶店も入っている。

地下鉄バンク駅入口。背景はウェリントン公爵の騎馬像と王立取引所

　王立取引所の「王立」（ロイヤル）の名称は、エリザベス一世が、一五七一年に与えたものである。現在の建物は一九世紀半ばに再建されたものである。

　この取引所は、イングランド最初の商業専用施設で、一五〇〇店ほどの

王立取引所（上）とイングランド銀行（下）

店舗もあり、女王は、酒類の販売も許可した。穀物・織物・輸入品など多様な商品が取引されたが、証券取引はこの場所では認められなかった。その理由は、証券取引にかかわっていた人物の多くが気品に欠けていて、「王立」の場に相応しくなかったからといわれている。

女王の時代には、重商主義政策の下で、貿易・工場制手工業が発達した。ロンドンから世界各地への貿易ルートが確立し、毛織物・羊毛製品・真鍮・鉛・スズ合金・毛皮製品などが輸出された。

王立取引所の用地が、ザ・シティと服地・織物関係の業界から提供された事実からも、産業界が力を得てきた事実がうかがわれる。しかし、当時の産業状況をもっとも反映しているのが、一年任期の「ザ・シティ」の市長である。一五〇三年から一六〇九年に市長になった九七人中七二人が、毛織物産業にかかわっていた事業家だった。

王立取引所からザ・シティの騒がしい通りを東へ五〇〇メートルほど歩いたところが、日本にも馴染みの深い「東インド会社」（イースト・インディア・カンパニー）の本部や関連事務所が建っていた一帯である。現在も銀行を含むビジネス街である。

その地区の中心に「イースト・インディア・アームズ」という名前のパブが建っている。四階建てのレンガ造りの地上階がパブで、一間からなる小さなものだ。名前の「アームズ」は、紋章の意味に用いられパブの名前に頻繁に用いられる。

このパブの名前は東インド会社に由来していて創立は一六三〇年だ。東インド会社関連のビジネスマンのたまり場の一つだった。パブの壁面には、東インド会社についての説明を書いたボードが掲げられている。

東インド会社は、アフリカ大陸南端の喜望峰から、南アメリカの南端マゼラン海峡に至る全域の貿易を独占した会社であった。その独占権を与えたのが、エリザベス一世だった。

女王が観た「真夏の夜の夢」

パブの「イースト・インディア・アームズ」（上）と壁に貼られている「東インド会社」についての案内板

テムズ川に架かる歩行者専用のミレニアム・ブリッジを南岸へ渡っていると、真正面に国立の近現代美術館テート・モダンが目に入ってくる。そして、左前方には、周囲の建物とは風貌が大きく異なる古風な木造建築が見えてくる。多くの木製の柱と梁で組み立てられた楕円形の建物の壁は、白色のモルタルである。これは、シェークスピアの劇場「グローブ座」のレプリカだ。

シェークスピア（一五六四〜一六一六年）のグローブ座があった位置は、レプリカの建てられている位置から二〇〇メートルほど離れているが、構造は類似している。

テート・モダン

シェークスピアの活躍した時代とエリザベス一世の在位期間は重なり、シェークスピアの演劇座の重要なパトロンの一人がエリザベス一世だった。

女王自ら演劇を支援したのは、演劇がエンターテインメントとしてロンドンの一般社会で定着したのに加え、女王が文学・文化に深い造詣があったからであろう。女王は、六カ国語を話し、ギリシア悲劇を英訳するなど、単に政治に長けた女王では

シェークスピアの劇場「グローブ座」のレプリカ

なかった。

この時代には、イングランドでナショナリズムが高まっていく。その背景には、イングランドがスペインの無敵艦隊を排撃して制海権を獲得した事実や、ローマ教皇の支配から解放された事実などがあった。ナショナリズム高揚は、シェークスピアの演劇の多くに反映されている。

エリザベス女王が観たシェークスピアの演劇の中に、「真夏の夜の夢」がある。妖精の森へ足を踏み入れた貴族や職人が登場する喜劇に分類される作品だが、女王が観たのは縁者の結婚式での余興として演じられたものだとの説が有力である。観劇場所については、女王が生まれ育ったグリニッジ宮殿との説もある。

「真夏の夜の夢」を女王が観たのは彼女の晩年であったが、女王は一六〇三年に亡くなった。その年に日本では、徳川家康が征夷大将軍になっている。

Ⅳ

清教徒革命と王政復古

国会議事堂の一般訪問者入口近くに建つクロムウェル像

バグパイプとキルト

キルトと呼ばれるスカート状の衣服を身につけ、バグパイプを演奏する音楽隊を、ロンドンの王室や軍隊関係の儀式で見かけることがよくある。キルトとバグパイプは、いずれもスコットランドの民族衣装と楽器である。また、キルトは、現在の女王・エリザベス二世の夫のエジンバラ公や、チャールズ皇太子が、何かの折によく身につける。

スコットランドの民族アイデンティティーの一つであるキルトが、国王や王室関係者の間で頻繁に用いられるようになったのは比較的新しく、一九世紀初頭からである。しかし、英国史の中でスコットランドが大きな役割を果たすようになったのは、エリザベス一世が亡くなった直後からである。

「バージン・クィーン」で一生を通した女王の死後、女王の側近の強い働きかけがあって、プロテスタントとして育てられたスコットランド国王ジェームズ六世が、イングランドの王位を継承した。国王は、エリザベス一世の甥だった。

第一章で、連合王国の誕生に触れたが、二つの王朝がこのように一人の国王によって治められることによって、一六〇三年に「グレート・ブリテン連合王国」が誕生した。

しかし、王朝統合後もイングランドとスコットランドの両方が独自の議会を維持し、政治的統合は限られていた。この二つの議会が統合し、一君主・一議会（国会）とする連合王国が誕生したのは、一七〇七年だった。ウェールズは一六世紀にすでにイングランドに併合されていたが、アイルランド全体が連合王国に併合されるのは一八〇一年である。

一七〇七年に英国が一君主・一議会となってから今日まで、国会は一つだが、現在、スコットランド・ウェールズ・北アイルランドには独自の議会があって、地方の文化・伝統・歴史を尊重する地方分権が確立している。ウェールズの小学校と中学校では、ウェールズ語と英語の両方が必修科目で、児童・生徒のおよそ四分の一がウェールズ語で授業を受けている。スコットランドは独自の教育制度を持ち大学入試も異なり、学士課程は四年だ。英国のそのほかは三年である。二〇一四年九月には、スコットランドの独立を問うレファレンダム（国民投票）が一六歳以上のスコットランド住民で行なわれる。

「ガイ・フォークスの夜」と国会爆破未遂

毎年、一一月五日の夜には、イングランド各地の広場や空き地、私立学校や家庭の庭で、かがり火が焚かれる。この夜は、「ガイ・フォークスの夜」と子どもにもよく知られている。英国でも、マグナ・カルタ記念日を知るのは研究家や歴史愛好家に限られるだろうが、一一月五日の夜の意味を知らない英国人に出会ったことはない。

その夜には、枯れ木や木っ端を積み上げて燃やすだけで特に形式やしきたりはない。しかし、手作りの「ガイ・フォークス」の人形を燃やすのが伝統である。花火も打ち上げられる。この日の数日前になると、「ガイを作るから」と、子どもが戸口を叩いて小銭を集める姿を見かけることもある。

ガイ・フォークス（Guy Fawkes）は、四〇〇年以上前に、国会議事堂爆破を企てた一三人のカトリック教徒の一人だ。

ジェームズ一世（イングランドでの国王名。スコットランドではジェームズ六世）が即位した後も、イングランド国教会が重視され、国教会の日曜の礼拝に参列しないと罰金も科されることがあった。当時の英国では、プロテスタントの諸宗派（清教徒・バプティスト・クエーカー・メソディストなど）は、まだ誕生・普及していなかった。カトリック教徒の公での礼拝は許されなかった。このため、新国王にカトリックへの寛容な態度を期待していた信者の中に不満が高まっていた。

国王の暗殺と国会議事堂爆破を企てたグループは、ウェストミンスター宮殿隣の家屋を購入した。その家と宮殿が地下でつながっていたからである。宮殿地下に爆薬の入った樽を秘密裏に搬入し、国王が国会開会の式典に宮殿を訪れる一六〇五年一一月五日を待った。

当日の朝、地下の爆薬を見守り、導火線に着火する役を担っていたのが、ガイ・フォークスだった。しかし、この陰謀は発覚した。端緒となったのは、国王の側近へ届いた一〇月二六日付の匿名の手紙だった。手紙は、国会開会式へ出席しないよう訴え、爆破を示唆していた。捜査中に逮捕されたガイ・フォークスはロンドン塔へ連行され、長期にわたる拷問の末、反逆罪で絞首刑に処せられた。

国会爆破の陰謀を事前に検挙した祝いとして、国王は、イングランドの国民に、一一月五日には大きなかがり火を焚くよう命令を出した。それが四〇〇年以上続いている。この事件以来、カトリック教徒を危険視し、嫌悪し、差別する社会の風潮は強まり一九世紀半ばまで続くことになる。

イングランドでこの夜に、焚き火や花火は行なっても、ガイ・フォークスの人形を決して焼かないところとして有名なのが、ヨーク市内のセント・ピーターズ・スクールである。この私立学校は創立が六二七年で、古さで世界でも数本の指に入る学校だが、ガイ・フォークスが学んだ学校である。

ガイ・フォークスが学んだヨーク市のセント・ピーターズ・スクール

英国の学校は、卒業生で権力・制度・社会慣習などに立ち向かい、歴史の上で「問題」を起こした人物でも大切に考え、歴史上の意義を評価する傾向がある。一例は、後述のシルビア・パンクハーストである。彼女は、繰り返し投獄された人物だが出身校の私学「マンチェスター女子高校」では、彼女の顕彰活動が続いている。

近年、日本を含む世界各地で、ネット上や街頭で多様な抗議活動を行なうグループの中で、「アノニマス」集団と分類されるものがある。このグループが被る仮面は、ガイ・フォークスをイメージしたものである。

「メイフラワー号」と清教徒

テムズ川の南岸に、「ザ・メイフラワー」という名前のパブがある。黒い木製の柱と梁で壁は白色のモルタルである。パブの表側の壁面には、草花をアレンジした吊り篭が飾られ、テムズ川の川風で揺れている。壁には金色の文字で、THE MAYFLOWERとパブ名が書かれ、吊り看板には、帆船の絵が描かれている。

このパブは南岸にあり、北岸のロンドン塔の南東に位置する。ロンドン塔からタワー・ブリッジで南岸へ渡り、川下へおよそ一・五キロメートル歩くとパブに着く。パブの裏はすぐテムズ川である。このパブのそばの船乗り場から、アメリカ大陸を目指したメイフラワー号が一六二〇年に出帆した。

メイフラワー号は、ここで六五人の清教徒を乗せて七月中旬にロンドンを離れ、イングランド南岸の数港で修理・補給を行なった後、九月六日には、合計一〇二名の清教徒を乗せてイングランドから新大陸へ向かった。

清教徒（ピューリタン）と呼ばれた人々は、キリスト教の新教徒の一派である。彼らは、プロテスタントでカトリックにも反対だったが、同時に、ヘンリー八世が創設し、エリザベス一世が育てたイングランド国教会に極めて批判的な人々であった。

ピューリタン（Puritan）という名前はラテン語に由来し、「清浄」「潔白」などの性質をもつ人々を指す。これが、清教徒と和訳された。

テムズ川の岸辺にあるパブ「ザ・メイフラワー」

清教徒は、イングランド国教会はキリスト教本来の教えから逸脱し、政治闘争の産物と化してしまったとの、確固たる認識を持っていた。イングランド国教会では、聖書に基づかない祈祷・礼拝・式典・実践が横行しているので、それらを「ピュアリファイ＝清める」必要があると、彼らは考えた。

清教徒は、質素・勤勉を尊び、パーティー・音楽・ダンスなどの娯楽を悪と考えた。

清教徒は、彼らの宗教観と道徳律に基づいて、宗教・道徳・社会改革を行なおうと考えた。しかし、改革の試みの中で、投獄を含む迫害もありその試みに限界を感じた。そのような清教徒の中には、英国を離れて新大陸で理想とする社会建設を目指した人々がいたのである。

メイフラワー号に始まる清教徒のアメリカやそのほかの国（アイルランドやオランダ）への移民は、その二〇年後の一六四〇年までにおよそ八万人に達している。メイフラワー号で渡航した人々は、マサチューセッツに定着した。その後、約二万人がアメリカ合衆国の北東部六州からなる「ニュー・イングランド」（New England）に入植している。

清教徒革命の二人のブロンズ像

トラファルガー広場と国会議事堂に隣接する議会広場（パーラメント・スクエア）を結ぶ一キロメートルの直線道路がある。この道路とその近辺一帯が、ホワイトホールである。

ホワイトホールは、地域名であると同時に、英国中央官庁街をも指す。東京の霞ヶ関である。道路の正式名称としては、ホワイトホールが議会広場に近くなると、「パーラメント・ストリート」になる。

この近辺には、歴史上の大物政治家や国王のブロンズ像が多く建っている。

その中に、一七世紀に英国史を一時期大きく転換させた二人の人物の像が含まれている。両者は、あたかも今日においても対立しているかのごとく、ホワイトホールの北端と南端に位置している。

北端のトラファルガー広場にあるのが、国王チャールズ一世の像である。国王は馬に乗り議会に向かって疾走中のように見える。

彼は、グレート・ブリテン連合王国を築いたジェームズ一世（六世）の王子で、一六二五年に王位を継承した。騎乗のチャールズ一世像が現在建っている場所が、第一章で触れたエレナー・クロスが最初に建てられたスポットでもある。

騎乗のチャールズ１世の像

これに対する像は、国会議事堂への入口そばにある。
国会議事堂が入っているウェストミンスター宮殿への入口はいくつかあるが、それらはテムズ川と反対側にある。多くの観光写真で見る国会議事堂の裏側である。入口の一つが一般訪問者用で、そこには小さな芝生の庭があって、「クロムウェル・グリーン」と呼ばれている。

ここに、オリバー・クロムウェル像が建っている。その台座には、「OLIVER CROMWELL」と、生没年の一五九九と一六五八が刻まれている。クロムウェルは、左手に聖書を握り、左脇には帽子を挟んでいる。右手で剣をステッキのように使っている。厳格な風貌だが、革命家の威圧感は感じない。

クロムウェル像が建ったのは一八九九年だが、一九三〇年代のアメリカの歴史家がクロムウェルをヒトラー同等の独裁者と評価した。これによって、彼の評価は英国内で急落した。しかし、近年は、彼は複雑な精神構造を持った宗教心深い人物と分析されている。二〇〇二年のBBCの世論調査では、史上一〇番目の偉大な人物との投票結果を得た。ちなみに一番から九番は以下である。
①チャーチル　②産業革命時代のエンジニアのブルネル　③ダイアナ元妃　④ダーウィン　⑤シェークスピア　⑥ニュートン　⑦ビートルズのジョン・レノン　⑧エリザベス一世　⑨ネルソン提督。

革命への道

チャールズ一世は、清教徒が受け入れ難い宗教政策と国会議員の多くが批判する政策を多く打ち出した。宗教上の不満が中心だった清教徒の中には、メイフラワー号のように新世界を求めて移民する者がいたが、政治上の不満を抱く国会議員や市民の中には、議会制度を通して国王に挑戦する勢力が拡大していった。

増税を狙って国王は、即位後五年間に三回議会を召集した。しかし、議会は国王の増税要求額の数分の一しか承認しなかったり、まったく認めなかった。そのたびに、怒った国王は国会を解散した。そして、一六四〇年までの一一年間、国会は召集されなかった。国王が増税を狙った背景には、絵画の収集などの一般的な浪費と、フランスへの派兵やスコットランド人の反乱への対応で増大する戦費があった。

マグナ・カルタ以降、議会の了承なくして増税ができなくなった国王は、通常の税金以外の方法で財源を豊かにする道を考え出した。例えば、外敵から港を守るためとの名目で、攻撃の可能性など考えられない状況下で出金をせまった。従来は、一年限りと限定されていた船舶税を毎年徴収した。また、レンガ・石鹸・塩などの生活と密接なかかわりを持つ製品の流通を特定人物に独占させた。独占権と引き換えに国王は収入を得たが、独占販売の下で物価が高騰した。

チャールズ一世もその父のジェームズ一世もスコットランド王室の出身で、マグナ・カルタ以降のイングランドの政治に理解を欠いていたのであろう。例えば、議会の承認なしに徴税を試み、税金を支払わない者を裁判なしで投獄している。

議会は、一六二八年に、「権利の請願」を国王に出している。内容は、以下のように基本的にマグナ・カルタを再確認するものである。

一、議会の同意なくして課税なし。二、理由なくして逮捕・投獄されない。三、国民は、兵士・

軍人への宿泊提供を強制されない。四、平時には、戒厳令を発令しない。

国王は、請願を形式的に一時期受け入れたが、後日無視した。議会を軽視・無視する流れの中で国民の悪政への不満は高まったが、対立の決定的な瞬間が一六四二年に起きた。国王自らが国王に反対する国会議員の中心人物を逮捕するため、議会内に乗り込んだのである。しかし、逮捕は失敗した。これが契機となって、「シビル・ウォー」（市民戦争）が始まった。

清教徒革命

チャールズ一世の国王派は、大地主・貴族を中心に一般的に田園地方で支持者を多く持った。イングランド国教会もチャールズ一世を支持していた。国王派は、オックスフォード（ロンドン北西約九〇キロメートル）に本拠地を構えた。

議会派は、ロンドンを筆頭に都市部を支持基盤として、実業家や商業関係者の支持をも得ていた。海軍は市民戦争の当初から議会派についていた。その理由は、海軍内部で国王以上に人望が高かった反国王派のウォーリック伯爵を海軍提督として迎えたかったからである。また、清教徒が議会派の一つの大きな原動力でもあった。

英国では、「市民戦争」という表現が「清教徒革命」よりもよく使われる。この戦争において清教徒が大きな役割を果たしたものの、戦争は、「清教徒対イングランド国教会」の宗教戦争では決してなかった。より広範な人々が「議会対国王」の構図でたたかったからである。

キングス・クロス駅待合所

議会派は「ロンドン防衛網」を構築する。北側は現在のキングス・クロス駅、東側はロンドン塔のさらに東一キロ地点、南側はテムズ川南岸の帝国戦争博物館（現在）、西側はハイド・パークを、一八・八キロに達する塹壕でリング状に囲み、二四の要塞をリング上に構築した。

市民戦争は一次と二次に分けられるが、結果は議会派の勝利に終わり、チャールズ一世は逮捕された。

逮捕後に、国王の身柄をどのように処分するか議会派の中で意見が分かれた。裁判にかけられた国王は、国家反逆罪で有罪となった。そして、国王が生存する限り反革命が起きるとの判断が優勢を占めた。最終的結論を出したのはクロムウェルだった。彼は、国王処刑の書類に署名した。

七年間にわたる国王と議会の対立抗争は、推定一八万人の戦死者に加えて、多大な建物の破壊も招

ホワイトホール沿いに建つバンクェティング・ハウス

いた。そのような革命の中で、破壊されることなく残った宮殿もある。

　ホワイトホールの南端と北端のほぼ中間に、「バンクェティング・ハウス」(Banqueting House) がある。これは、そこにあったホワイトホール宮殿(ホワイトホール・パレス)の一部で、現在まで残っている。通りの名前のホワイトホールは、この宮殿にちなんだものである。

　バンクェティング・ハウスは、現在、公開されている。高い天井に描かれている絵画は、王室の威厳や華やかさを象徴している。広間は、結婚式披露宴や各種イベントの宴会場所としても貸し出される。

　この宮殿の二階からホワイトホールの路上にかけて仮設の処刑台が設けられた。ここで、チャールズ一世は公開の斬首刑に処せられた。

　一六四九年一月三〇日。斬首刑の前の数時間を、国王は宮殿のバンクェティング・ハウスを静かに歩き回ったり、私信を焼却したりして過ごした。一番下の息子にも声をかけ、祈りを捧げていたと伝えられる。

処刑台に上がるに先立って、国王は厚手の白いシャツを二枚身につけた。伝統的には、衣服が斬首の邪魔にならないよう、白いシャツ一枚である。真冬の寒さで身震いするのが、国王が処刑を恐れている姿と見られたくなかったからと伝えられる。

禁止された女性の化粧やクリスマス

ロンドンや英国の各地を急いで観光する人々が、思わぬトラブルに遭うことがある。日曜日に、限られた時間を最大限に使って観光し、家族や友達に頼まれた土産物を買おうと夕方に店へ行くと、どこも閉まっているのである。

一九九四年まで、イングランドとウェールズでは、医薬品などを除く通常の商品の売買を日曜日に行なうのは違法だった。その後も、日曜日の営業時間が限定されている。二八〇平方メートル以上の広さの店舗では、日曜日の午前一〇時から午後六時の八時間の時間帯のうち六時間のみ営業が許される。この広さ以下の小さい店には規制がない。しかし、日曜の営業時間は短いところが多い。

二〇世紀末まで、空港や鉄道の店、それに医薬品専用の店などの例外を除いて、原則として日曜日の商品売買が禁止されたのは、日曜日は業務・労働を停止するキリスト教の安息日だからである。

クロムウェルが王政を廃止して共和制を築くと、清教徒の厳格な戒律が国民に次第に押しつけられた。クロムウェル個人の宗教観や思想によるものというよりも、議会派でたたかった議員の国会議決が多数の清教徒市民に支持された結果であった。

一六五〇年代になると、議会立法で、日曜日を安息日として業務・労働を禁止する規定が強化された。日曜に仕事をしていて逮捕されれば、両足または両手首を木製の枠で固定され、公衆にさらされた。

伝統だったキリスト教の祝日であるクリスマスや復活祭を祝うのも禁止された。一二月二五日には平日と同様に働き、教会でクリスマスを祝う礼拝を行なうこともそれに参加することも処罰の対象になった。「祝い」は娯楽や浪費と考えられたのである。

化粧も禁止された。清教徒の指導者や兵士は地域を巡視し、化粧をしている女性を見つけると化粧をぬぐい落とした。カラフルな衣服も禁止された。敬虔な清教徒の女性は、首からつま先まで黒一色のドレスを身につけた。男は黒い衣服と短髪が基本だった。

パブや劇場などの娯楽施設は閉鎖され、スポーツは禁止された。日曜にサッカーをしていればむち打ちにもなった。

厳格なクロムウェル体制の背景には、二つの理由があった。

まず、厳しい戒律は、勤勉を善とし娯楽を悪とする清教徒の宗教観に由来した。

次に、カトリック勢力が王権を再び掌握し、イングランドを統治しかねないとの強い警戒感があった。クリスマスが禁止されたのも、当時のクリスマスの行事は伝統的なカトリックの名残だったからである。

クロムウェルは、イングランド共和国を創って、国王の地位を認めることなく、自らは、「護国卿」として最高の統治権を掌握した。その政治は、専制・独裁政治と呼ばれる。しかし、その体制は、「個人独裁」ではなく、多数の清教徒信者による集団的独裁の色彩が強い。

クロムウェルは、一六五八年に亡くなり、ウェストミンスター寺院に埋葬された。

王政復古――処刑されたクロムウェルの埋葬遺体

トラファルガー広場から徒歩で北西へ向かうと、ピカデリー・サーカスの賑やかな交差点に行き着く。そこから北北西へ進むとオックスフォード・サーカスに出る。その交差点を左折してオックスフォード・ストリートを西方へまっすぐ歩くと、ハイド・パークの北東角に至る。

この経路は極めて賑やかな三キロメートルで、ショッピング・娯楽・観光のどれにも欠かすことができないルートの一つである。

ハイド・パークの北東角に、ナポレオン戦争の勝利を祝う凱旋門「マーブル・アーチ」が建っている。そばの地下鉄の駅名もマーブル・アーチだ。この凱旋門の北側の道路を越えて、西へほんの少し歩くと、一瞬マンホールのように見える円形の表示が歩道上に刻まれているのが目につく。そ

白い大理石で造られたマーブル・アーチ

タイバーンの木があった場所を示す路上表示

こには、「THE SITE OF TYBURN TREE」（タイバーンの木の位置）と書かれている。

ここが、ロンドンの公開絞首刑場の一つだった。野外公開処刑は、一七八三年まで続いた。ヘンリー八世もここでカトリック教徒を絞首刑にしている。タイバーンは村の名前だ。この路上表示の位置に木が植わっていて、そこにやぐらを組んで一度に多くの囚人を絞首刑にした。処刑執行日は見物客で大賑わいになったと記録に残っている。

ここで絞首刑になった人物の一人が、クロムウェル護国卿の遺体である。

クロムウェルの死後、息子も「護国卿」となるが、独裁と厳密な清教徒主義に反して一六六〇年に王政が復興し、一一年間続いた「共和制」が終焉を迎える。

王政を復古させたのは、チャールズ二世である。彼は、クロムウェルに斬首刑にされたチャールズ一世の息子である。

チャールズ二世は、ウェストミンスター寺院に埋葬されていたクロムウェルの遺体を掘り起こさせた。そして、一六六一年一月三〇日にタイバーンで、「絞首刑」にした上に四つ裂きにした。頭部のみ長い竿の先に掲げてウェストミンスター宮殿横でさらし首にした。一月三〇日は、国王の父が処刑された月日である。さらし首は少なくとも二〇年間その状態であったという。

クロムウェルの頭部は、その後、ケンブリッジ大学を構成するカレッジの一つである、シドニー・サセックス・カレッジの秘密の場所に丁寧に埋葬されているというのが通説である。このカレッジへ頭部が渡った理由は、クロムウェルが若き日に学生としてこのカレッジで学んだからである。

売値が２億5000万ポンドのカールトン・ハウス・テラス（左端の物件）

王立協会の創立――「誰の言葉も信じ込むな」

ロンドンで二〇一三年春に売り出された中古マンションの売値が話題を呼んだ。二億五〇〇〇万ポンドで、当時のレートで三七五億円だった。多分、中古マンションについた最高の売値だ。床面積はロンドンの平均家屋の三〇倍、売値は平均家屋の七〇〇倍だ。物件は、この一帯に一八二七年から一八三二年の間に建てられた一七のマンションの一つである。

一七のマンションは、「カールトン・ハウス・テラス」と呼ばれ、バッキンガム宮殿への通りザ・モールの北側に平行して建てられている。マンションは王室管理の土地に建っている。建物からは、ザ・モールの南側のセント・ジェームズ・パークが眺められる。

一帯のマンションには、一九世紀から二〇世紀前半には、英国の首相・外務大臣・ドイツの在英大使

王立協会（カールトン・ハウス・テラス6・7・8・9番）

などが住んでいた。現在は、各種学会や芸術組織が使用している。六・七・八・九番地の一連を使っているのが、王立協会（ザ・ロイヤル・ソサエティ）である。

王立協会は、一六六〇年に一二人の学者によって創立され、今日まで継続して活動を続けている世界最古の自然科学学会である。「王立」と一般に和訳されるが、国王が創立したのではない。チャールズ二世が、設立されたソサエティを後に認可したので「ロイヤル」が加わった。

創立者の一人が、天文学・数学・建築学に長けていたクリストファー・レン（Christopher Wren）だった。彼は、王立協会の三代目会長に就任したが、自然科学研究と普及に貢献したのみでなく、後述のように、ロンドン大火後の都市再建に重要な役割を果たした。

王立協会の一二代目会長が「万有引力の原理」で知られるニュートンだ。しかし、歴代会長には自然科学者ばかりではなく、法律家・政治家・外交官・詩人・古物収集家などが含まれている。協会の設立目的が、自然科学の知識・技術を「象牙の塔」の独占物とするのではなく、広く一般社会に還元することにあったからである。

王立協会のモットーはラテン語で書かれているが、「誰の言葉も信じ込むな」である。聖書・教会・王室などのいかなる権威の言葉であっても、言葉通りに信じ込むのではなく、事物・現象に関する論議においては、観察・実験に基づいて立証する姿勢が大切だと述べている。

現在、王立協会は、およそ一四五〇人のフェロー（正会員）と外国人会員をメンバーとし、八〇人を超えるノーベル賞受賞者を含んでいる。

科学革命——占星術から天文学へ

ハイド・パークの中に、ダイアナ元妃を記念する「ダイアナ・メモリアル・ファウンテイン」がある。楕円形（長径約八〇メートル・短径約五〇メートル）の人工水路で花崗岩で造られている。場所によっては、幼児・児童が水路内に入って水遊びをしても安全な深さだ。子どもたちが、水路内で小舟を浮かべて楽しんでいる光景によく出合う。

このダイアナ元妃を記念するスポットは、ハイド・パークの南端近くにあり、公園に隣接する道路を一本越えた南の一画には、一九世紀後半から建てられた大きな公共施設や博物館が建ち並んでいる。その中の、「科学博物館」と「自然史博物館」は、英国における科学技術の発展と発明の歴

ハイド・パーク内のダイアナ・メモリアル・ファウンティン

史を学ぶのに良い場所である。

ニュートンの科学研究・発見に代表されるように、一七世紀は、英国で天文学・物理学・医学・数学・化学・植物学などが、近代科学として成立し始めた時代である。迷信や教会での教義・学問を信じる時代から、観察・実験を通して事象を立証する時代に入ったのである。占星術から天文学へ、錬金術から物理学・化学への変遷の始まりであった。

一七世紀には、天文学ではニュートン以外に、エドモンド・ハレーが彗星の軌道を正確に計算している。医学では、血液循環や結核病の研究が進んだ。ロバート・ボイルは、元素の概念を発見し、「気体の圧力は一定温度において体積に反比例する」という法則を発見している。発明品には、反射天体望遠鏡、顕微鏡、初期の蒸気機関と蒸気ポンプ、計算尺などがある。

科学知識を論じ、実験を披露し、新技術を考案し評価し合う社会の動きは、ロンドンに限られることなく、英国各地に広まった。各地に「ソサエティ」と呼ばれるグループが誕生している。それらは、手品師や錬金術師の「ショー」に近いものから、科学技術史に残る実験まで活動内容は多彩であった。そして老若男女のエンターテインメントになるほど社会に定着していった。

V

奴隷貿易から産業革命へ

一九世紀初頭の砂糖倉庫を改修した「ドックランズ博物館」。「ロンドン・砂糖と奴隷制度」が常設展示されている。

ロンドン・砂糖と奴隷制度

カナリー・ウォーフ（詳細は後述）の現代的な金融街の近辺には、五つのドックが残っている。この一帯は、ロンドンの貿易を担っていた波止場の一つで、その面影を残している。

ここに一八〇二年に建造された砂糖倉庫を改修して「ドックランズ博物館」が二〇〇三年に創立された。英語名は、「Museum of London Docklands」だ。タワー・ブリッジの東方（川下）三・五キロメートルに位置し、最寄の地下鉄駅は、カナリー・ウォーフである。

博物館の外回りは、砂糖倉庫そのままである。地上三階地下一階の博物館には、この地域の二〇〇〇年の歴史が展示されているが、その中の常設展示の一つが、「ロンドン・砂糖と奴隷制度」である。

砂糖は、「白い金」と呼ばれ、奴隷貿易制度の象徴だった。英国の事業家・投資家は、奴隷の運搬・売買で利益を得ると同時に、奴隷を使って西インド諸島でサトウキビ農園（プランテーション）を経営していた。そこで生産された粗糖・砂糖は英国へ輸出された。

この博物館は、奴隷解放二〇〇周年に先立ち、自治体のザ・シティとグレーター・ロンドンの両方が出資して建てられた。ロンドンと英国の歴史の汚点を赤裸々に展示し、あまり語られなかった歴史を告発している。歴史を直視するロンドンの勇気・良心・誠実さを感じる博物館である。

ロンドンの歴史を時系列で眺めるときに、どの時代の出来事として考えるのが最適なのかを判断しかねるのが、奴隷貿易である。長期にわたるからである。

英国人が最初に奴隷貿易に関与したのは一五六二年だった。そして、一八〇七年に奴隷貿易は英国内で禁止されたが、三三年まで植民地での奴隷貿易制度は継続した。二世紀半にわたり、ロンドンを超えて英国全体の産業経済に広範かつ深遠な影響を与えた重大事だった。

二世紀半にわたる奴隷貿易をどの時代の出来事と考えるかも困難であるが、奴隷貿易の実態が詳しく論じ始められたのは、奴隷貿易廃止二〇〇周年の二〇〇七年前後である。本書では、奴隷貿易の初期と奴隷貿易が廃止されていく末期に分けて振り返る。

三角貿易と国王の奴隷貿易会社

ヨーロッパの港とアフリカ大陸の西海岸、それに西インド諸島やアメリカ大陸の三拠点を結んで行なわれた貿易は、「三角貿易」と呼ばれる。

ロンドンが三角貿易に加わったのは一六世紀後半からで、一五六二年には、ジョン・ホーキンズが、アフリカ大陸のシエラレオネから三〇一人の奴隷を西インド諸島へ運んでいる。ホーキンズは、英国初の世界一周を達成したドレークの従兄弟で、造船・海運・商業を手がけ自ら操船もした人物である。

ホーキンズの第一回奴隷運搬の「成功」を受け、エリザベス一世は、女王の父ヘンリー八世が建造した武装帆船をホーキンズに貸与し、奴隷貿易事業に出資もしている。その出帆が一五六四年と

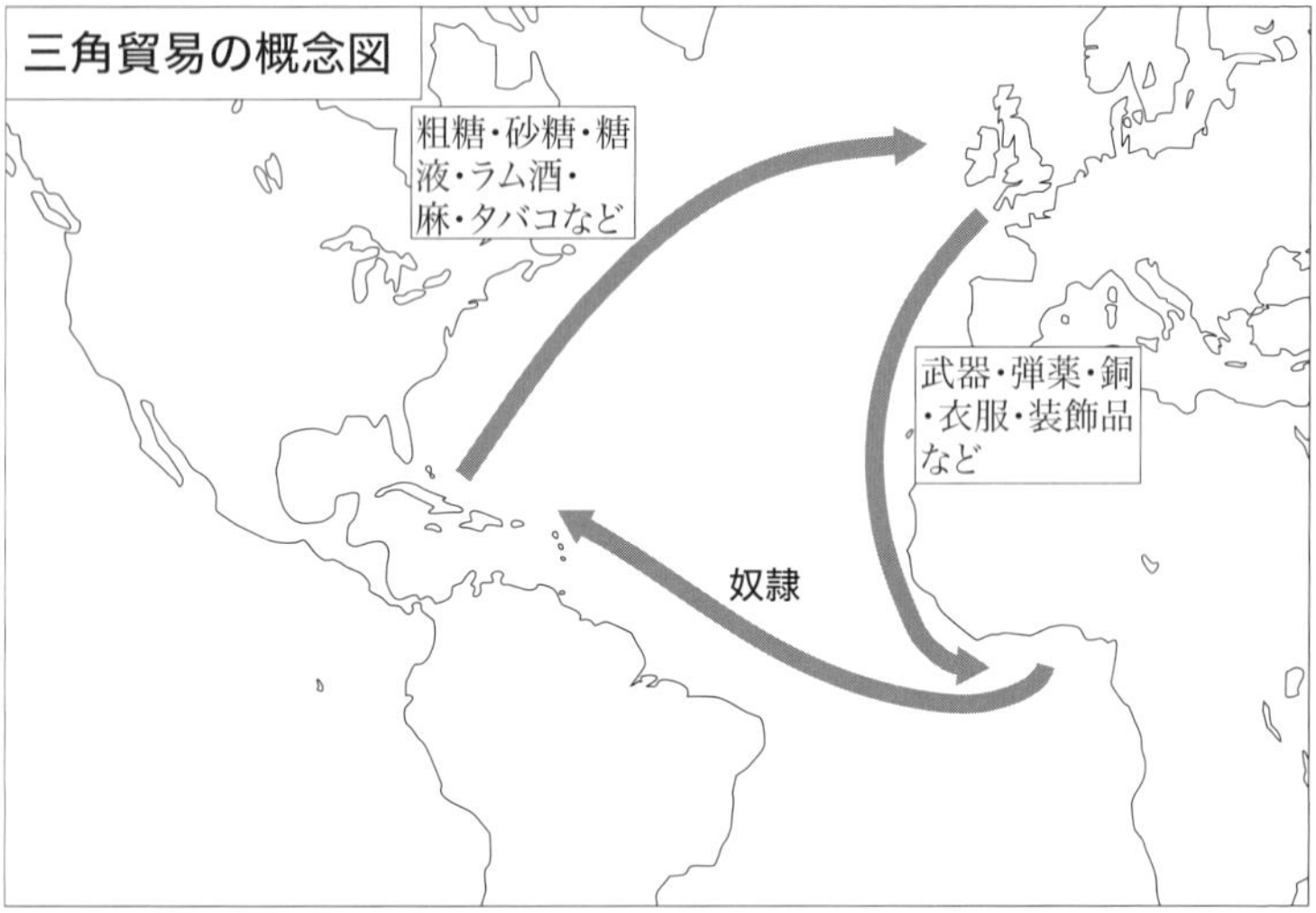

なるが、奴隷運搬の帰路に西インド諸島からジャガイモやタバコを持ち帰った。三角貿易の原型の完成である。

一五八八年に英国がスペインの無敵艦隊を排撃して制海権を獲得すると、奴隷貿易におけるロンドンの優位が高まっていく。

奴隷貿易を積極的に促進した国王の一人がチャールズ二世だった。国王と彼の弟・ヨーク公爵（後のジェームズ二世）は、自ら出資してアフリカとの貿易を促進する会社をザ・シティの商人に一六六〇年に設立させている。国王からアフリカとの貿易独占権を与えられた「ロイヤル・アフリカン・カンパニー」は、奴隷に、会社名の略号「RAC」、または、国王の弟のヨーク公爵（Duke of York）の略語「DY」の焼印を押して奴隷の所属を明確にしている。会社は、一六八〇年代には、年間およそ五〇〇〇人の奴隷を大西洋を渡って売買している。

三角貿易の収益を最大限にするため、ロンドンからアフリカ西海岸へ向かう船舶は、武器・弾薬・銅・衣服・

装飾品などを、奴隷との交換や売却のために輸送する。その後、奴隷を西インド諸島へ運び、空いた船腹を利用して粗糖・砂糖・糖液・ラム酒・麻・タバコなどをロンドンへ輸送し輸入収益も上げている。

二世紀半にわたる奴隷制度の犠牲者の正確な数字は不明である。しかし、一七世紀後半から英国で奴隷貿易が禁止された年までに関する統計は存在する。

王立グリニッジ博物館の統計では、一六九九年から一八〇七年の間に、英国とその植民地の船舶が、一万二一〇三回の奴隷運搬を行なった。そのうち、三三五一回は、ロンドンから出帆している。また、一六六二年から廃止年までに、約三四一万五五〇〇人のアフリカ人が英国とその植民地の船舶で輸送された。航海中に死亡しなかった二九六万四八〇〇人が、奴隷として売却されている。

ロンドン大火と冤罪

ロンドン・ブリッジを渡って北岸へ行き、そのまま二〇〇メートルほど歩くと、「モニュメント」という地下鉄の駅がある。駅名のモニュメント（記念碑）は、駅のそばに建つ高さ六二メートルの「ロンドン大火記念塔」に由来する。

モニュメント駅と北西隣のバンク駅は地下歩道で連結されていて、地上にはイングランド銀行と王立取引所がある。ここから一〇分前後歩くとセント・ポール大聖堂、ギルドホール、ミュージアム・オブ・ロンドンなどへ到着するように、この一帯はザ・シティの中心街である。

ロンドン大火記念塔

ロンドン大火記念塔の高さが六二メートルになっているのは、塔の建っている位置から六二メートル先が出火元だったからである。

大火は、一六六六年九月二日の午前一時過ぎに、パン屋のかまどから出火して四日間燃え続けた。焼失した家屋数は一万三二〇〇に上り、八七の教会も破壊されて、およそ一〇万人が住まいを失った。死者数は意外と少なく六人から一〇人以下といわれる。ローマン・ウォール内の北東側は類焼を免れたが、城壁内のおよそ八〇パーセントが焼けた。さらに城壁を越えて西へ五〇〇メートルほど延焼した。大火は、オックスフォード（ロンドン北西約九〇キロメートル）からも見られたという。

出火後まもなく、火災は外国人によるロンドン攻撃だとの噂が広まった。そのため外国人の中には暴力を受けたり家屋を略奪された者が出た。また、広く信じ込まれたのが、カトリック教徒が放火したという根拠のないものだった。「カトリック放火説」は、今日においても時折語られる。

火元は、パン屋のかまどだったというのが今日の定説だ。しかし、大火の直後、パン屋は責任を免れている。就寝前に間違いなく火を消したと主張し続けたからだ。

そこで、大火は放火が原因と判断された。そして、その犯人として裁判にかけられ、タイバーン（一一二ページ参照）で絞首刑になったのが、フランス人のロベール・ウベールだった。ウベールは、精神障害者だったといわれる。彼は放火を告白した。しかし、彼は「ウェストミンスター（地区内）で放火した」と語っている。火災はウェストミンスター界隈へは及んでいない。さらに冤罪だったと断言できるのは、フランスから彼をイングランドまで船に乗せてきた船長の証言があるからだ。ウベールがイングランドへ上陸したのは出火の二日後だった。

ザ・シティの再建と個人主義

大火の後、チャールズ二世は、再建の建造物はすべて石材またはレンガで建てるように、勅令を出している。大火が広範囲に広がったのは、その年の夏が干ばつだったのと、出火の夜に強い風が吹いたのが要因として挙げられるが、根本的な原因はほとんどの家屋が木造だったからである。また、通りも狭く家屋が密集していた。

ザ・シティの再建で活躍したのが、数学者・天文学者であり建築家だったクリストファー・レン（一一五ページ参照）だった。彼が設計した建築物は、ロンドン大火記念塔とセント・ポール大聖堂に加えて、ザ・シティ地域内の五一の教会が含まれている。

また、彼は、グリニッジ天文台とグリニッジ王立海員病院（後に旧王立海軍大学）も設計している。

旧王立海軍大学とセント・ポール大聖堂の間にデザイン上の共通点が見受けられるのは設計者が同一人物だからだ。

ザ・シティの再建に際して、レンは、焼失した建物を再建するのみでなく、市全体を再開発する都市計画を出している。都市計画の必要性を主張した者は彼のみでなく、政治家の一部にもいた。しかし、都市計画の発想は受け入れられなかった。

ロンドンの中心部は、フランスのパリなどと比べて直線道路が少なく、複雑な道路網から成り立っているが、その原因は、大規模な都市計画を行なったことがないからである。

大火の後、ザ・シティ内の大きな地主は、都市計画のために自分の土地を手放す考えは受け入れなかった。個人の多くも、集団で話し合って全体にプラスになる都市を作るなどとは考えず、各人の発想で自分の家や商売を立て直す道を進んだ。

周りの人間や上部から何かをするように指示・命令されるのを嫌うのが、英国人である。ザ・シティが大火で更地に近い状態になったにもかかわらず、整然と区画整理されていないのは英国人の個人主義の反映である。

ロンドン初の「コーヒー・ハウス」

三六〇年以上前に、ロンドンでコーヒーを飲ませる商売が始まった。

ザ・シティに誕生したロンドン初の喫茶店は、現在は、パブになって営業を続けている。建物は

ロンドン初のコーヒー・ハウスがあった場所（現在ジャマイカ・ワイン・ハウス）

一九世紀半ばに建て直されているが、「コーヒー・ハウス」第一号店だった表示がある。

この店は、ビジネス街を通る主要道路コーンヒルの横丁にある。地下鉄バンク駅から真東へ走っている通りがコーンヒルだ。コーンヒルを王立取引所を左手に見ながら真東へ八〇メートルほど歩き、南側にあるビルの谷間の狭い道を五〇メートルほど進むと、赤褐色の外壁のパブがある。名前は、「ジャマイカ・ワイン・ハウス」だ。

ワイン・ハウスと現代的な名前がついて、ワインも豊富だが、基本的にはリッチな感じがする伝統的なパブである。土日は閉まるが、平日は午前一一時から夜一一時まで、ザ・シティ勤務の活動的な男女で賑わっている。

このロンドン初のコーヒー・ハウスは、一六五二年に開店している。

コーヒー・ハウスと呼ばれたように、初期には、お客に飲ませたのはコーヒーのみだった。酒類や他の飲み物や食事は出さなかった。紅茶はまだ英国では広く飲まれていなかった。後年、紅茶なども、コーヒー・ハウスで扱われるようになった。

店の外壁の説明板に、ここでコーヒー・ハウスの「パスクワ・ロージーズ・ヘッド」が開店したと書かれている。「パスクワ・ロージー」は、トルコ人だった。「ヘッド」は「頭」の意味だが、パブなどの店の名前によく使われる。店名は、「パスクワ・ロージーの頭」だった。

当時のコーヒー・ハウスの様子を描いた線画によると、ハウスは、大きな広間である。床は板張だ。室内装飾などはほとんどない。壁に沿って長いベンチが置かれ、広間の中心部分には、一〇人前後の客が取り巻く長いテーブルがいくつか置かれている。コーヒーを賄うキオスクのような場所が一画に設けられていて、女性や若い男が給仕している。

コーヒー・ハウスの数は、開店第一号の直後から増え続けた。一七世紀後半には、ザ・シティの城壁の中だけでも八〇店を超えていた。一七世紀末には、ロンドン全体で二〇〇〇店に上っている。

コーヒー・ハウスは、単に喫茶店的な役割を果たしたのではなく、ロンドンのビジネス活動と政治討論の場として特異な歴史的役割を演じることになる。

「コーヒー・ハウス禁止令」を出した国王

ロンドン初のコーヒー・ハウスが開店して二三年たつと、王政復古を行なったチャールズ二世は、コーヒー・ハウスの営業を禁止する布告を出した。

一六七五年一二月二九日に出された国王名の布告は、翌年の一月一〇日から、コーヒー・ハウスの営業を禁止し閉鎖すると公告している。

禁止令は、コーヒー・ハウスで提供している飲料にも具体的に言及し、禁止品目には、コーヒー・チョコレート（固形ではなく液体状）・紅茶などが含まれている。この時代になると、コーヒー以外の飲料も店で出されていたのだ。

禁止されたのは、国民がコーヒー・チョコレート・紅茶などを飲むこと自体ではなく、コーヒー・ハウスに人々が集まってコーヒーなどを飲みながら話し合いを行なう行為だった。

禁止の理由として布告が掲げたのは、「コーヒー・ハウスは、業者や人々が多くの時間を浪費する邪悪で危険な効果を生み出している」「コーヒー・ハウスでのミーティングは、不実・悪意に満ちたスキャンダラスな話を捏造・流布し、王国の名誉を毀損している」「王国の泰平と平和を乱している」であった。

国王のコーヒー・ハウス批判の妥当性はともかく、コーヒー・ハウスは多様な社会背景の人々が自由に集まってどんな話題でも自由に話し合い、情報交換と論議ができる場所であった。今日、私たちが何かを知りたいとインターネットを使うように、当時は、最新情報・知識を求めてコーヒー・ハウスへ行ったといわれる。

コーヒー・ハウスには、新聞・雑誌・ポスター・リーフレットなどが置かれ、実業家、商売人、政治家、法律家、医師、聖職者、作家、ジャーナリスト、科学者、芸術家などが出入りした。また、職業・身分・出自などにかかわりなく、誰でも自由に入れるのが特徴だった。

コーヒー・ハウスは政治を論じる場にもなった。「アマチュア議会」と呼ばれる議員でない一般市民が、模擬国会論争をハウスでも行なっている。また、政策への不満・愚痴を語り合って鬱憤を晴らす程度の人々から、王権政治を廃止し共和制を確立する政治哲学を論じる知識人のグループまで、広範な人々がコーヒー・ハウスをディベートの場にしていた。

父親をクロムウェルを中心とする議会派によって斬首刑に処せられたチャールズ二世が、国民の政治的動向に敏感になったのは想像に難くない。

禁止令は年末に出されたが、広範な人々の抵抗に遭い、禁止開始予定の二日前の一月八日に国王は、布告を取り消すことになる。

禁止令を強行した場合、計り知れぬ反動が予期されたのであろう。市民が自主的に寄り集まって天下国家を語り合う自由を、国王が奪うことができないレベルまでに、コーヒー・ハウスはロンドンの民主主義の土壌を育てていたのだった。

「コーヒー・ハウス」と男性ビジネス文化

ロンドン初のコーヒー・ハウスがあった横丁からコーンヒル通りへ出て、真東へ二〇〇メートルほど歩くと、伝統的なロンドンの建築物とは極端に異なったデザインのビルが目につく。「ロイズ・オブ・ロンドン」の本社である。

建物の外壁はステンレス・スチールとガラスで、陽光を反射して銀色に光っている。外壁を構成するかのように、階段・エレベーター・空調の配管などが露出しているのもデザインの特徴だ。完成は、一九八六年。高さ九五メートルのこのハイテク建築は、チャールズ皇太子や保守層の一部から、「工場みたいだ」「石油コンビナートのようだ」と、批判もされている。

デザインは、パリの総合文化施設「ポンピドゥー・センター」の建築家の一人であったリチャード・ロジャーズだが、二つの建築物には、デザイン上の共通のコンセプトが見受けられる。

ロイズ・オブ・ロンドン本社

六八六代市長が続いている世界最古の自治都市に、超現代的なビルは不自然と考える人々もいるが、このビルはザ・シティのビジネスの歴史を物語るものである。

ロイズ・オブ・ロンドン(Lloyd's of London)は、特殊な保険を扱う世界有数の組織だが、一つの会社ではなく、保険引受業者や保険契約仲介業者を組合員に含む「保険組合」である。「保険市場」と表現される場合もある。

現在扱っている保険の種類は極めて多様で特殊なものが多い。例えば、保険がかけられているものには、宇宙ステーション・人工衛星・空港・航空機・船舶・発電所・巨大ビルなどが含まれる。保険対象職業は、俳優・モデル・サッカー選手・レーサー・宇宙飛行士などだ。

ロンドンで保険業務が会社組織のビジネスとして始まった場所は、エドワード・ロイド（Edward Lloyd）が、ザ・シティで開いていたコーヒー・ハウスである。

彼の店は、ザ・シティにあったので、船主・船長・貿易商・保険引受人が多く集まり、商談と海運情報交換の場となっていた。そこで積荷の売買に加えて、船舶や船荷に保険がかけられた。店主のロイドは、お客のために積極的に海事情報を集めて提供していた。

この動きが、一六八八年に、海上保険会社の設立となった。ロイドは場所の提供のみだったが、会社名は、「ロイドのコーヒー・ハウス」を短くし、「ロイドの」（Lloyd's＝ロイズ）となった。

コーヒー・ハウスで始まった情報交換と商談が、今日の世界的ビジネスに発展したもう一つの事例が、「ロンドン証券取引所」である。

ロンドン証券取引所は、現在は、セント・ポール大聖堂の北隣にあるが、発祥地は、ジョナサン・マイルズという人物が、一六八〇年ころにザ・シティで開いていたコーヒー・ハウスである。

コーヒー・ハウスはこのように、ロンドンで男性がビジネスを起こしていく温床となったが、女性がコーヒー・ハウスにお客として出入りできたか否かに関しては、歴史家の間で意見が分かれている。

女性は禁止されていたという記述も散見される。反面、女性禁止といったような決まりはなかったが、コーヒー・ハウスは男性がビジネスを行なう場所だとの、社会における認識や雰囲気があって女性は近寄らなかったという見解もある。コーヒー・ハウスを描いた線画の中には女性の姿が見受けられるものもある。少なくとも後年になると出入りする女性もいたようである。

結婚持参品だった紅茶とボンベイ

ピカデリー・サーカスからハイド・パークまで南西に走っている約一・三キロの賑やかな直線道路がピカデリー通りである。

この通りには、「ロイヤル・アカデミー・オブ・アーツ」（王立芸術院）、在英日本大使館、高級ホテルの「ザ・リッツ・ロンドン」、王室御用達の老舗百貨店「フォートナム・アンド・メイソン」本店など、有名な建物が多くある。

「フォートナム・アンド・メイソン」は、英国が「一君主・一議会」となった一七〇七年に食料・雑貨品店として創業したが、現在は、高級食料品百貨店として不動の地位を築いている。ピカデリー・サーカスから歩いて五分の位置にあり、店舗正面の外壁には、大きな紅茶カップとポットの立体装飾があるように、高級紅茶の老舗としても有名である。

ロイヤル・アカデミー・オブ・アーツ（王立芸術院、上）とザ・リッツ・ロンドン（下）

老舗百貨店のフォートナム・アンド・メイソン

さらに二分と歩かないところに「ザ・リッツ・ロンドン」があるが、このホテルのアフタヌーン・ティーも「フォートナム・アンド・メイソン」のそれと同様に有名である。

ロンドンの土産物の一つが紅茶だ。ロンドン観光案内書の多くに、紅茶のお店がよく紹介されているように、ロンドンといえば紅茶、紅茶といえば英国を想起する人々が多い。しかし、ロンドンと紅茶のつながりはコーヒーほど古くはない。

英国の王室や貴族とロンドンの富裕層の間に紅茶を最初に紹介し広めたのは、王政復古を行なったチャールズ二世のキャサリン王妃だった。彼女は、ポルトガル王室出身で、一六六二年に結婚のため英国へ来た際に持ち込んだ持参品の一つが紅茶だった。

紅茶という飲み物の存在は、東インド会社

が創立された一六〇〇年以降、ロンドンでも船員・旅行者などの一部で知られていた。また、「中国の飲み物」として、一七世紀半ばにロンドンで紅茶を飲んだ人物の日記も残っている。しかし、キャサリン王妃の結婚以前には、ロンドンでは紅茶はコーヒーのように普及していない。

しかし、ポルトガルやオランダの王室・貴族・富裕層の間では、すでに紅茶はファッショナブルな飲み物となっていた。英国に先立ってアジアとの貿易ルートが確立していたので、中国茶がインドネシアのジャワ島を経由して輸入されていたのである。

キャサリン王女とチャールズ二世の結婚は政略結婚だった。

チャールズ二世は王政復古を行なったものの負債を多く抱え、王室の財政は困窮を極めていた。打開策として考えられたのが、外国の裕福な王室から妻を迎えることだった。ポルトガル王国は、スペインの支配から一六四〇年に脱却して独立を回復したものの、スペインとの紛争は続き、独立を維持していくために外国との同盟が必要だった。

チャールズ二世の結婚に関する両国の協議の中で、「持参品」として、現金の他に換金できる物品や一般的な贈答品、さらにはそのほかの経済価値をポルトガルからイングランドへもたらすことが確認された。

持参金として贈与されたポルトガル硬貨を現在のポンドに換算すると、数十億ポンド（日本円で数千億円）になるといわれる。加えて、ポルトガルは、ブラジルと英国が貿易する権利や、ポルトガルが支配していたインドの都市ボンベイ（現在ムンバイ）と地中海入口に位置するモロッコの街タンジールの支配権をも与えている。

歴史に残る膨大な「持参金」と一緒にキャサリン王女がもたらしたのが、紅茶を詰めた大きな箱であった。当時は、紅茶は貴重品で極めて高価であった。

ロンドン初の紅茶専門店

キャサリン王妃が王室と上流社会に紹介した紅茶は、社会の上層部では口にされたが、一般には程遠い飲み物であった。貴族社会への到来から二年後の一六六四年には、中国から紅茶一〇〇ポンド（約四五・三キログラム）をジャワ島経由で輸入する注文が、東インド会社へ出されている。しかし、この程度の分量では王室とその関係者の間ですぐに消費されてしまったであろう。

より広い人々の間に紅茶を広めたのが、コーヒー・ハウスで紅茶も売り始めて成功したトマス・トワイニングだ。彼は、紅茶販売の専門店もロンドンに開店したが、同じ場所で現在も販売が行なわれている。

一七〇六年にトワイニングは、彼のコーヒー・ハウスで品質のしっかりとした紅茶もコーヒーに加えてお客に出した。彼は、東インド会社に関連していた体験から、商品としての紅茶の将来性を確信していた。これが成功した。

トワイニングは、店で紅茶を飲ませるだけでなく、紅茶の葉の量り売りを行ない、家庭でも飲めるように販売店を一七一七年に開いた。「ゴールデン・ライオン」と名づけられたその店は、後年、

ストランド通り 216 番地にあるトワイニングの店

創立者の名字をとって「トワイニング」となり、現在も同じ場所で販売を続けている。

「トワイニング」の店は、ストランド(Strand) 通り二一六番地にある。トラファルガー広場から北東に走るストランド通りを一・二キロメートル歩くと着く。

お店は幅が狭くて奥行きが深い。太い白色石材の柱の間に観音開きのドアがあるが、幅はそれだけである。ドアの上には、黄金の下地に黒色の文字で、「TWINGS」と商標が掲げてある。この商標は、継続して三〇〇年使われている世界最古のトレード・マークである。その上には、王室御用達の表示と帽子をかぶって座っている二人のアジア人の像がある。最上部には金色のライオン像がある。「ゴールデン・ライオン」である。

王室・貴族の飲み物が、トワイニングの店などで一般向けに販売されるようになったものの、紅茶は金持ちの贅沢品だった。召使いを多く抱えている裕福な家庭でも、紅茶は、錠つきの「Tea Caddy」(茶筒)に入れられ、その鍵は女主人が保管していた。

紅茶がロンドンの一般市民の一部や地方へも広まっていったのは、皮肉なことに紅茶が当初高価だったからである。密輸が始まったのだ。密輸は取り締まりが手薄な地方の海岸で行なわれた。これによって、地方でも知られていった。密輸量が正規の販売量を超えるようになると、紅茶業者の商売が成り立たなくなった。そこで、安い密輸品と対抗できるよう、業者が政府に紅茶の税金を下げるよう圧力をかけた。その結果、減税が行なわれた。しかし、紅茶はまだまだ高価なものであった。

名誉革命と「オレンジ・オーダー」

毎年、七月一二日をピークにして、ロンドンや英国の各地で、市民の大行進が街を通り抜ける。横断幕・旗・ペナントなどを掲げた若者を含む一団が、鼓笛隊やブラスバンドの威圧的な演奏とともに行進する。北アイルランドがもっとも盛んだが、大きな都市や保守層の強い地域で夏場に見受けられる。

軍隊の凱旋パレードを連想させるこの団体行進の特徴は、パレードの色彩がオレンジ色である点だ。参加者は、政治活動に使うたすきに似た飾り帯をかけたり、日本の仏教徒の輪袈裟（半袈裟）に似た飾り帯を、首と両肩から上着の襟の上にかけている。いずれもオレンジ色である。

この友愛団体は、通常「オレンジ・オーダー」（＝オレンジ団体・結社・組織）と呼ばれ、一六八八年の名誉革命によって即位した「オレンジ公」に由来する。

王政復古の後、一六八五年に王位を継承したジェームズ二世は、即位以前にカトリックに改宗していた。国王は即位後、軍部や政府の重要なポストにカトリック教徒を重用し、国家をカトリック王国に戻そうともくろんだ。オックスフォード大学の人事にも関与し、教職から追放される者も出てきた。国政のカトリックへの傾斜の中で、一六八八年六月には、王妃が男児を出産した。王妃はカトリック教徒だった。

一連の動きに危機感を抱いた議会は、カトリック教国再建を阻止するため、プロテスタントのオランダのオレンジ公を王位に招聘することを決定した。

一六八八年一一月にオレンジ公が、軍艦四八隻・焼討船一〇隻・高速舟艇四〇〇隻・兵員二万一〇〇〇人からなる軍団をイングランド南西部に集結すると、ジェームズ二世は、フランスへ逃亡し無血の「名誉革命」が起きる。この船団の規模は、エリザベス一世が排撃したスペイン無敵艦隊の三倍だった。

翌年、オレンジ公とジェームズ二世の王女が共同統治者として二人で王位を継承した。

この段階までは、無血に近い革命だったため、「名誉革命」と呼ばれる。しかし、政争は終結しなかった。

フランスへ逃亡した元国王が、フランスとアイルランドのカトリック勢力の支援を得てアイルランドへ渡り、二万五〇〇〇人の兵を挙げたのである。これに対抗するため、「ウィリアム三世」として即位したオレンジ公は、三万六〇〇〇人からなるイングランド・アイルランド・オランダのプロテスタント連合軍を率いて遠征した。

両軍は、一六九〇年七月に、アイルランドの首都ダブリンの北方約五〇キロメートルを流れるボイン川で戦闘を交え、プロテスタント軍の完全勝利に終わった。

このプロテスタント軍を率いたウィリアム三世の勝利を祝福し継承する運動が、オレンジ・オーダーの活動である。戦闘のおよそ一〇〇年後に始まり二一世紀の今日も、夏の行進は例年行なわれる。オレンジ・オーダーの北アイルランドでの市中行進は、カトリックにとっては、歴史の深い傷に毎年塩を塗り込まれるような行為である。行進団体が掲げる横断幕の中には、「一六九〇年を忘れるな」と書かれているものもある。極めて挑発的で地域社会を歴史上の勝利者と敗者に分断・定着させる行為である。このため、行進のシーズンになると、北アイルランドでは毎年武力・暴力をともなう衝突・紛争が生じている。

名誉革命の結果――「王は君臨すれども統治せず」

名誉革命の翌年に、議会と国王の間で、国民の権利や自由に関して確認され成文化されたのが、「権利の章典」である。「権利章典」と表記される場合もある。

「権利の章典」の内容は、章典の正式名称を見た方が理解しやすい。「臣民の権利と自由を宣言し、王位継承を定める法律」である。

国民の権利と自由を国王に確認させたものには、「権利の章典」に先立って、「マグナ・カルタ」（六四ページ参照）がある。しかし、マグナ・カルタは二五人のバロン（封建領主）が中心になって確認させたものである。「権利の請願」(一〇五ページ参照)も出されたが、「請願」は、議会(国民)が国王へ請願したもので、効力に限界があった。

「権利の章典」は、国王と議会が確認し法典とした点に歴史的な意義がある。内容的には、マグナ・カルタや権利の請願と重複する部分が多いが、国民の請願権や議会での発言の自由なども確認されている。しかし、もっとも顕著な点は、この章典によってカトリック信者は王位を継承できなくなった。これが、一七〇一年の王位継承法で明文化され、国王または女王は、イングランド国教会を維持する義務を負った。また、カトリック信者と結婚した場合は王位を継承できなくなった。これらの規定は、今日まで変更されていない。

このように、一七世紀から一八世紀初頭に、国王・議会・教会の関係が法的に確立した。王室は存続するが、君主といえども法律と議会に拘束され、国家を統治するのは国王ではなく、国民の代表であるとの基本点が確立した。立憲君主制の確立である。これは、「王は君臨すれども統治せず」と表現される。

英語を知らなかった国王と最初の内閣首相

トラファルガー広場から国会議事堂へ向かってホワイトホールの通りを歩いていると、観光客が歩道の一カ所に立ち止まって、写真を撮っている光景によく出合う。

立ち止まっている位置から狭い横道が奥へ通っているのだが、黒い鉄製の柵で閉鎖されていて、

ダウニング街を警備する警官

一般の人々は小道へ入れない。鉄柵の内側には、防弾チョッキを着て拳銃やときには自動小銃を持った警官が警備している。柵内へ入れない歩道の観光客は、警官と気楽に話をしながら小道の先の黒いレンガの建物の写真を撮ろうとしている。警官は寛大だ。

観光客が写真に収めようとしているのは「ダウニング街」（ダウニング・ストリート）である。ここの一〇番地が英国首相官邸である。一一番地は財務大臣が使う。

首相官邸は、閣僚会議などの内閣業務を行なったり、請願団体・首相訪問者・貴賓などを迎え入れる場所である。また、首相家族の宿舎も兼ねている。官邸発表は、番地が表示されている入口ドアの前でよく行なわれテレビ放映されるが、官邸全体は、テレビ画像から受ける感じよりずっと大きい。

ここを首相官邸にしたのは、議会議員のロバート・ウォルポールだった。彼は、一七二一年から四二年まで長期にわたって「第一大蔵卿」を務めた。この地位が実質上今日の首相であるため、彼は「最初の首相」と呼ばれる。彼は、三五年からここを「首相官邸」に決定し住んでいた。

ウォルポールが、首相の地位に就いた背景には、即位した国王が国務に専念しなかった事実が存在する。名誉革命を行なったウィリアム三世（オレンジ公）の後継にアン女王が即位したが、女王には跡継ぎが生まれなかった。このため、プロテスタントのドイツの王子が「ジョージ一世」として即位した。

ジョージ一世は、英語は話せずフランス語で執務を行なった。また、出身地のドイツのハノーバーに滞在する機会が多くなり、政務からかなり遠ざかっていた。そこで、国務を仕切る最高の地位に就いたのがウォルポールだった。

成文憲法法典が存在しなくて、慣例・判例が法的な効力を持つのが英国である。このため、ジョージ一世が不在に近い状況下でウォルポールが国家行政の最高責任者に就任した経緯と、その後の英国の内閣制度は成文に基づいたものではない。しかし、この時点から、内閣は国王に対してではなく、議会・国民に対して責任を持つようになった。これが、「責任内閣制度」と呼ばれる制度の始まりとなった。

産業革命と陶磁器のウェッジウッド

ロンドンで有名なショッピング街の一つであるオックスフォード・ストリートには、陶磁器の

「ウェッジウッド」（Wedgwood）社のコーナーを設けているデパートが二店（ジョン・ルイスとハウス・オブ・フレイザー）ある。地方の都市でも、陶磁器の専門店であればまず取り扱われるブランドである。日本でもかなり広まっている。

ウェッジウッド社は、一七五九年の創立だが、「産業革命の恩恵を総合的にもっとも受けた会社の一つ」といわれる。

ウェッジウッド製品のデパート内での展示

恩恵は、発明や改良された機械機具からもたらされたのみではなかった。産業革命によって急速に発達した道路・運河・鉄道の交通網によって、イングランド中西部のスタッフォードシャー州で生産した陶磁器製品を、各地へ輸送できるようになった。また、生産技術の革命によって社会で多様な商品が豊富になり消費文化が興隆した。

産業革命の進展によって商業活動の形態も変化した。現在では当然のこととして行なわれている市場調査や店頭にショー・ウィンドーを設けることなどが始まった。これらを他社に先駆けて行なったのがウェッジウッドだった。また、「王室御用達」になり、その評価を最大限に宣伝し、一地方の陶磁器製品を、ロンドン経由でヨーロッパ各国・ロシア・アメリカ大陸へ輸出し、不動のブランド品にした。このようなビジネス戦略でも歴史的な会社である。

ロンドンで産業革命が生み出した機械・機具をたくさん展示しているのが、「科学博物館」（サイエンス・ミュージアム）である。ここでは、ワットの蒸気機関やスティーブンソンの蒸気機関車「ロケット号」、それらに先立って開発された紡績機や織機などが見られる。

技術革新が英国で起き始めたのは一七三〇年代であるが、一八世紀後半になると石炭の火力で作動する蒸気機関を紡績・織物生産に使い出している。蒸気機関は一九世紀初頭から機関車のエンジンとして使われ、一八二五年には、北東イングランドで四〇キロメートルの鉄道路線が開通し、その五年後には、マンチェスターとリバプール間に鉄道が完成している。

産業革命が英国で一段落したのは一八二〇年ころである。ロンドンでは、一八六三年に世界に先駆けて地下鉄が開通したが、地下トンネル内の線路上に蒸気機関車を走らせるものだった。最初の路線は、メトロポリタン・ラインである。

なぜ英国で産業革命が起きたのか

ロンドンがヨーロッパの諸都市の中で、ファッショナブルな国際都市として発達していく背景には、産業革命による飛躍的な経済成長があった。

産業革命前の一六〇〇年と産業革命が一段落した一八二〇年の推定国内総生産（ＧＤＰ）を比較すると、英国は六・〇倍になっている。同期間の経済成長率は、ポルトガル三・七倍、フランス二・三倍、ドイツ二・一倍、オランダ二・一倍、スペイン一・七倍、イタリア一・六倍であった。

英国で世界に先駆けて産業革命が起きた理由はいくつもあるが、決定的な理由は二つあったと今日考えられている。

まず、自然科学と科学技術への関心が、ニュートンに代表される科学者に限らず、ロンドンと英国各地の広範な人々の間に高まっていた。そしてその関心は、発見や実験を通して新しい機械や道具を発明していく社会的基盤となるまでに成長していた。

第二の理由は、発明した機械や道具を実用化して大量生産し、それらを使う工場を建て、商品を生産するシステムを構築するのに必要となる財力が、英国には蓄積されていた。

この財力は、三角貿易・奴隷貿易の繁栄から生み出されていた。資産家・事業家・商人に加えて、女王・国王・議会議員・聖職者などが奴隷貿易関連のビジネスに出資し利潤を得ていた。彼らは、蓄えていた財力を産業革命関連事業に投資したのである。

奴隷貿易廃止二〇〇周年前後から、歴史の検証・リサーチが進み、奴隷貿易で利潤を得ていた組織・人物が次第に明らかになり、公表もされるようになった。

イングランド国教会の伝道組織（Society）は西インド諸島で奴隷を所有していた。奴隷に「ソサエティ」と焼印を押して大農園で使っていた。

一九世紀のグラッドストン首相の父は、二五〇八人の奴隷を農園で所有していた。キャメロン首相の父方の先祖も奴隷を所有していた。

ナショナル・ギャラリー創立時（一八二四年）のコレクションの基礎となった絵画は、ロイズの会長を一八世紀末に務めたジョン・ジュリアス・アンガースタインが所有していたものだったが、彼は奴隷貿易で富を築いた美術愛好家だった。

世界各地で上映された映画「クィーン」（邦題）には、ヘレン・ミレンが演じたエリザベス二世が夏の休暇中に過ごすバルモラル城が出てくる。しかし、実際に撮影に使われたのは、スコットランドの貴族の城館「ブレアファーン城」であった。この城の所有者の先祖も奴隷を所有していた。

バッキンガムシャー州の豪邸の一つである「ウェスト・ウィカム・パーク」の所有者の先祖も奴隷を所有していたが、この豪邸は、日本でも配信されているテレビ番組「ダウントン・アビー」の撮影場所である。

VI
ナショナリズムと自由・平等

アドミラルティー（海軍省）アーチ。ザ・モールを経由しバッキンガム宮殿へ通じる。

トラファルガー広場のライオン像

トラファルガー広場のライオン像

産業革命で、英国が「世界の工場」と呼ばれるようになっていく過程は、同時に、英国がヨーロッパの列強と軍事衝突し、帝国主義政策で植民地を獲得し、大英帝国を築いていく過程でもあった。

「トラファルガー広場」の名称は、英国がナポレオン戦争（一八〇三～一五年）中の一八〇五年に、フランス・スペイン連合海軍とトラファルガー岬（スペイン南西海岸）沖で海戦を交え、勝利したのを記念して広場の名前として用いられるようになった。

この広場の中心に高さ五二メートルの石柱がそびえている。その頂点の像が海戦を勝利に導いたネルソン提督である。

石柱は大きな四頭のライオン像に囲まれていて、いつも世界各地からの若者男女に加えて子どもたちがライオン像の上に登っている。落下事故を心配して監視員がふざけている子どもには注意するが、登るのを一律に禁止しないのがロンドン的である。社会の禁止事項は最低限度にするのがロンドンであり英国である。

このライオン像は、トラファルガー海戦の勝利品（フランス海軍の武器）を鋳造して造られた。ライオンは、一二世紀以来イングランドと国王の象徴で、今日でもブリティッシュ・パスポートの表紙の図柄である。この広場のライオン像は、英国が長い歴史にわたってフランスと争ってきた結末を象徴している。

トラファルガー広場のネルソン提督像

ネルソン提督は、開戦当日の一〇月二一日に戦死した。しかし、勝利に導いた提督には、ナショナリズムを喚起する有名なエピソードが残っている。

戦闘開始直前に提督が艦船団に送った旗信号が「England expects that every man will do his duty（イングランドは各人が皆各自の義務を果たすことを期待する）」だった。個人の自由と選択を尊び、国家権力や周りから「何々せよ」と言われるのを嫌う英国民に、「イングランドは期待する」という冷静かつ控えめな表現は、かえって強い説得力を持ち、その後、愛国心を喚起して国民の団結をもたらすことになる。

提督の遺体は、戦死の翌日一〇月二二日にブランデーを満たした樽に収容してイングランドへ向かった。寄港地のジブラルタルで、遺体保存液としてのブランデーはワインと入れ替えられた。イングランドへ到着したのは一二月四日だが、遺体は保存処置されフランス戦艦のマストで作った棺おけに収められ、翌年一月にグリニッジの王立海員病院に一時安置された。そこを三日間におよそ一〇万人が訪れて弔意を表している。

盛大な国葬が行なわれた。まず、王立海員病院からテムズ川を上って水上葬儀行進を行ない、遺体はホワイトホールの海軍本部に運ばれた。そこで一時安置の後、葬儀当日の九日には、宮殿から王室メンバー・貴族・政府高官・軍部高官に加えて一万人の兵士が、三万人の兵士が警備する道をセント・ポール大聖堂へ向かった。大聖堂での葬儀の結びは、「英雄は勝利の瞬間に不死の栄光に覆われて倒れた」だった。

「鉄の公爵」とナショナリズム

トラファルガー広場のライオン像が、海戦の戦勝品で造られたと同様に、ナポレオン戦争の戦勝品で造られたもう一つの像がザ・シティにある。「ウォータールーの戦い」(一八一五年)で勝利したウェリントン公爵が馬に乗った像である。

ウェリントン・アーチの上の「横四頭立て二輪戦車の上に降りる平和」像

この像は、奪い取ったナポレオンの陸軍の銃器で造られた。そして一八四四年に、イングランド銀行と王立取引所を守るかのような位置に建てられ、バンク駅から地上に出ると眼の前にある（八九ページ参照）。

ウェリントン公爵にまつわる像は、ハイド・パークの南東角のハイド・パーク・コーナー地下鉄駅そばにもある。ここには、「横四頭立て二輪戦車の上に降りる平和」と名づけられたヨーロッパ最大のブロンズ像をすえた「ウェリントン・アーチ」が設けられている。（北東角にある凱旋門はマーブル・アーチである。）

大きなアーチの上に設置されているのは、四頭の馬が引く二輪戦車の上に舞い降りる翼を持った女性の像である。女性は右手にオリーブの王冠を持っている。「ウォータールーの戦い」に勝利し、英国に平和が訪れたという意味であろう。

ウェリントンは、「鉄の公爵」と呼ばれ、「Keeping a stiff upper lip」（上唇を緩めないこと）を、エチケットとして確立させた人物の一人であった。つまり、いかなる困難に直面しても弱み・苦しみ・悲しみなどの感情を人前で顔に出さないのが「英国人のエチケット」だというものである。

公爵は「イートン・カレッジ」で学んだ。このため、「ウォータールーの戦い」の勝利は、「イートン」の教育がもたらしたとの理解が広まる。ネルソンやウェリントンにまつわるエピソードは、社会の主導者・大英帝国を統治する人材養成を目指す「パブリック・スクール」（私立で昔は大部分が寄宿舎制の男子校）で、歴史教育・精神教育・スポーツに取り入れられていく。そして一般社会ではナショナリズム高揚へとつながり、英国の「精神的バック・ボーン」を形成していく。

このようなエチケットや精神性は、今日においても、少なくとも保守層の間では広く見られるものである。

ロンドンにもいた黒人奴隷

ドックランズ博物館には、奴隷貿易の全体像を描写するパネルや、三角貿易に使われた船舶の什器の現物、波止場通りや船室の復元などの展示に加えて、奴隷貿易廃止運動の歴史も紹介されている。

奴隷貿易廃止運動が本格的に始まったのは一七八七年である。三角貿易にロンドンが加わって以来、二〇〇年以上奴隷制度に反対する社会・政治運動が起きなかったのは、今日の人権感覚から考えると不思議な気がする。

早期に反対運動が起きなかったのは、まず、海外・植民地における奴隷の実態が社会一般であまり知られていなかった。

ロンドンや英国各地にも奴隷や奴隷に近い状態に置かれている人々はいた。一八世紀末には、英国内におよそ一万五〇〇〇人の黒人がいて、多くが召使いだった。しかし、有給と無給の者がいて、転職などの自由が認められた者と、自由は一切なかった者とがいた。黒人イコール奴隷ではなかった。

第二の理由は、人権思想がまだまだ発達していなかった。奴隷は、「品物」であり「所有物」だった。ドックランズ博物館の展示物にも含まれているが、逃亡した奴隷を捕まえれば懸賞金を出すチラシなどが配布された時代である。また、新聞に、奴隷の年齢・性格・英語力などを書いて転売の案内をする広告も出されている。さらには、裕福な家庭の女性の間には、黒人の男児や女児に綺麗な衣服を着せて所有するのが、「ファッショナブル」と考えた

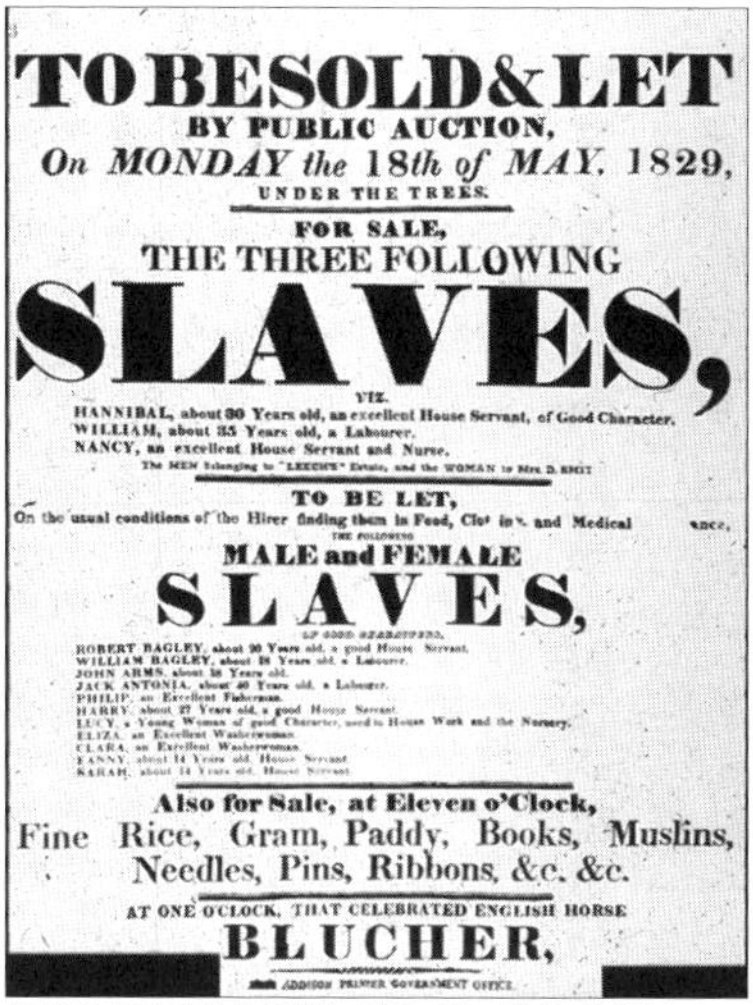

1829年に南大西洋の東インド会社領セント・ヘレナで出された、奴隷売却と貸し出しのオークションのポスター（出典／Wikimedia Commons）

人々もいた。

最大の理由は、富裕層にとっては、三角貿易は絶好の投資の対象であり、新たなビジネスの機会を生み出すものであった。例えば、サトウキビ農園で育ったキビを粉砕するには機械が必要になる。そこで粗糖を生産すれば、それを精糖する工場が建つ。砂糖は紅茶の消費を増大させ、砂糖を使った多くの食料品が生み出された。一般の国民にとっては社会で仕事が増え、消費生活が豊かになることを意味していた。

論文出版が契機となった奴隷解放運動

奴隷制度反対の声は、クエーカー教徒の中には一七世紀からあったが、政治勢力となるまでには成長しなかった。

クエーカー教徒は、プロテスタントの一派で、英国のジョージ・フォックスが一七世紀半ばから布教活動を始めている。教会制度・祭司・儀式・典礼を持たない。礼拝に相当する「ミーティング」では、参加者は瞑想にふけ、啓示を受けた者は発言するが、沈黙が基本である。「平和」「平等」「真実」「質素」を尊ぶ。奴隷解放運動に加え、反戦・良心的兵役拒否・反核運動や飢餓救済・被災者救援の先頭に立っている。一九四七年には、組織として「ノーベル平和賞」を受賞している。

本格的な奴隷解放運動を起こしたのは、九人のクエーカー教徒と三人のイングランド国教徒だった。彼らは、メンバーの一人で印刷・出版・書店を手がけていたジェームズ・フィリップスの家に集まって、一七八七年五月に「奴隷貿易廃止ソサエティ（協会）」を創立した。その場所は、ロンドン初のコーヒー・ハウス（一二七ページ参照）の南五〇メートルであるが、現在は何の面影も残っていない。

協会創立の契機となったのは、論文の出版だった。創立メンバーの一人がトマス・クラークソンだったが、彼は、ケンブリッジ大学のラテン語論文コンテストで、奴隷制度を批判し一位になっていた。その論文を英語に訳して広く社会に広めようとしていた折に、クエーカー教徒のフィリップスが出版を引き受けてくれたのである。

協会は、二世紀以上続いていた奴隷貿易を、二〇年間の反対運動で廃止させている。彼らの運動が、その後の英国と世界各地の各種政治キャンペーンの原型になったといわれる。

彼らは、協会の本部として「ロンドン委員会」を設立した後に、ロンドン市内と英国各地に地方委員会を作った。各地の組織援助に駆け巡ったのが、ケンブリッジ大学を出てからすぐに奴隷解放運動に没頭していたクラークソンだった。

協会は、奴隷貿易反対の世論を形成する上で、奴隷が置かれている状況に関してリサーチを徹底し、具体的事実に基づいて社会に訴えた。

奴隷に関する調査結果や制度反対の論文は、書籍・パンフレット・チラシなどの形で出版した。フィリップスの印刷所が大きな役割を果たしている。

ウィリアム・ウィルバーフォースの肖像画
（出典／Wikimedia Commons）

広報資料は、各地の委員会が地域の集会などで広めていったが、この運動分野で活躍したのが、女性だった。多くの女性が一軒一軒戸口を訪れて配布している。協会は、新聞へも反対運動の声を載せている。

廃止運動において女性は大きな役割を演じ、「参政権を持たない女性が成功した最大の政治運動」といわれる。物語や詩を発表して廃止を訴えた女性もかなりいた。

メンバーは、全国で署名活動を展開し国会へ提出している。国会議員で運動を支援し、廃止立法に尽力したのが、ウィリアム・ウィルバーフォースだ。彼の肖像画は、ドックランズ博物館でも見られる。

協会は、キャンペーン・グッズとして、砂糖つぼ・紅茶カップ・ブローチなどを製造している。そのデザインや製造を引き受け、同時に、会社の関連業者などの間に大量のパンフレットを配布したのが、陶磁器会社ウェッジウッドの創立者だった。

ウェッジウッドのデザインでキャンペーンのシンボルとなったのが、鎖につながれた奴隷が天の神に向かって「私も人間であり兄弟ではないのか？」（AM I NOT A MAN AND A BROTHER?）と問いかけている絵である（奴隷が女性像のデザインでは「兄弟」が「姉妹」）。

協会のメンバーは、裁判闘争も行なっている。植民地から英国へ奴隷としてつれられて来た後に逃走した者を救援し、裁判を通して自由にしたケースもある。

西インド諸島の砂糖・ラム酒などのボイコットも行なっている。砂糖をボイコットするために作成した有料パンフレットは、四カ月で七万部売れている。

国政の選挙では、奴隷制度廃止賛成派を支持し、制度維持派を攻撃するキャンペーンも展開している。

奴隷貿易廃止二〇〇周年の二〇〇七年とその前年には、「謝罪」が話題になった。

イングランド国教会は組織として謝罪した。

奴隷貿易を最初に英国人で行なったホーキンズの子孫は、アフリカのガンビアを訪れて公衆の前で謝罪した。

「私も人間であり兄弟ではないのか？」のデザイン
（出典／Wikimedia Commons）

グレーター・ロンドンの市長で「レッド・ケン」（赤いケン）が愛称だった労働党左派のケン・リビングストンは、ロンドン市民とロンドンの奴隷関連組織に代わって涙声で正式に謝罪し、世界各地で反響を呼んだ。

ときのブレア首相は、奴隷貿易を「人道に対する罪」と認め「深い悲しみ」を表明した。しかし、首相は「謝罪」

はしなかったと、各層から批判を受けた。

結社・労働組合活動の自由

ピカデリー、オックスフォード・ストリート、リージェント・ストリートなどは、産業革命がもたらした経済的豊かさの上に築かれた通りである。今日においても活気ある商業活動を反映しているが、一九世紀のロンドンでは、「輝かしい時代」の象徴そのものであった。

しかし、産業革命はすべての人々にとって必ずしも輝かしいものではなかった。

一七九九年と一八〇〇年の立法によって、労働者は労働時間・賃金などの労働条件について雇用主と団体交渉ができなくなった。また、職場で一労働者が他の労働者と賃上げまたは労働時間短縮のために団結することは違法となった。この法律によって違法となった行為には、労働者が周りの労働者にストライキに入るよう呼びかけることも含まれていた。刑罰は三カ月の禁固刑または二カ月の懲役（重労働）だった。

結社の自由を否定し、労働組合を違法化する「コンビネーション（組合）法」は、フランス革命が勃発した一七八九年と、英国がナポレオン統治下のフランスと戦争を始めた一八〇三年の間に成立している。ナポレオン戦争開始の数年前には、労働者が団結し賃上げや労働条件改善を求めることさえ、為政者にとっては不都合なことだったのだろう。

産業革命は、犠牲者も生み出した。生産の機械化は、それまで紡績や織布の手工業に従事していた業者や職人の生活を脅かした。機械化生産によって手工業生産品が競争力を失って倒産したり失業する人々も出てきた。

そのような業者・労働者の中には、政府に救済する姿勢がないのが明らかになると、機械工場の打ち壊し活動を始める者が出てきた。

「ラッダイト運動」と呼ばれる機械工場破壊活動は、英国中部・北部からスコットランドの一部でも起き、ナポレオン戦争期の一八一一年から一三年に激しさを増し、一六年ころまで継続した。破壊活動は事業家の家屋にも加えられ、数人から五〇人規模の死者が出る事件も発生している。鎮圧に軍隊が出動した事件もあり、逮捕者で裁判にかけられ死刑に処された者も出ている。

産業革命の進展は、資本家・事業家と労働者の対立を次第に厳しいものにしていった。結社・団結の自由を労働者は一時期奪われたが、闘争は消沈してしまうことはなかった。その結果、「コンビネーション法」は、一八二四年の新立法で廃止となった。

自由・平等の大学創立

大英博物館の裏側北西六〇〇メートルほどの位置に、「ユニバーシティ・カレッジ・ロンドン」がある。

大学の主要建築物の一つが、ネオ・ギリシャ建築様式で建てられていて、その威厳と優雅さが目を引く。石段上の建物本体の正面には、白色の太い一二本の石柱が、二等辺三角形の切妻屋根を支

ユニバーシティ・カレッジ・ロンドンの建物の一つ

え、その後ろにドームが見える。

この建物の外観は、トラファルガー広場に隣接するナショナル・ギャラリーの正面にそっくりだが（七九ページ参照）、建築デザインは、両者ともウィリアム・ウィルキンズによる。

「ユニバーシティ・カレッジ・ロンドン」は、一八二六年創立だ。近年は、各種の大学ランキングで、世界のトップ・テンに入ることがある。二〇一三年までに卒業生・教員の中からノーベル賞受賞者を二一人輩出している。夏目漱石が英文学を一時期聴講したことや、伊藤博文の留学先であったことなどでも知られている大学だ。

「ユニバーシティ・カレッジ・ロンドン」は、英国で最初に女性の入学を認めた大学である。また、学生の人種・宗教・階級・思想信条にかかわりなく入学を許可した。この大学の創立によって、カトリック教徒でもクエーカー教徒でも無神論者でも高等教育を受けることが可能になった。

今日の人権感覚、大学入学基準からすれば当然なことであるが、当時は先駆的だった。ケンブリッジ大学とオックスフォード大学、さらには、イングランド国教会も、この大学の入学基準に反対で創立反対の圧力をかけている。

オックスフォード大学（一一六七年以前に創立）、ケンブリッジ大学（一二〇九年創立）、ダラム大学（一八三二年創立）は、イングランド国教会信徒でなければ入学を認めなかった。しかし、一八七一年の「大学テスト法」によって、宗教による入学差別は禁止された。この立法の数年前に、この三大学も宗教による入学差別を撤廃している。

宗教による差別の禁止は、そのほかの差別撤退につながっていった。

カトリック教徒差別の撤廃

「ユニバーシティ・カレッジ・ロンドン」の創設によって、カトリック教徒も大学へ進学できるようになった。しかし、この大学が創立された当時は、カトリック教徒は国会議員になってウェストミンスター議会へ登院することは許されなかった。一九世紀になってもカトリック教徒はまだ危険視されていたからだった。

名誉革命以降、カトリック教徒は社会的・政治的に再び差別されるようになっていく。信者は国会議員になれなかったのみでなく、投票権もなかった。国家機関の要職に就任したり、国家公務員にもなれなかった。軍部でも士官にはなれなかった。また、土地を購入するのも禁止された。さらには、公の場でカトリックの礼拝を行なうのは処罰の対象となった。

カトリック教徒差別は、一八世紀末から次第に撤廃され出したが、国会議員には一九世紀に入ってもなれなかった。なぜなら、国会議員になるには「反カトリック宣誓」を要求されたからである。

差別状況を変革する契機となったのが、一八二八年の下院補欠選挙だった。

当時は、アイルランド全体が英国に含まれていたが、アイルランド中西部クレアー州の補選で、カトリック教徒のダニエル・オコネルが当選した。しかし、彼は「反カトリック宣誓」の撤廃を要求し、撤廃されるまで登院しない意志を示した。

撤廃を要求された当時の首相は、ナポレオン戦争に勝利し「鉄の公爵」と呼ばれていたウェリントン公爵だった。オコネルは、アイルランド人の法律家で、英国のカトリック教徒差別政策撤廃を求めていた。選挙に先立って撤廃運動を数年続けていて、アイルランドのカトリックの貧農と中流階級数十万人を動員する指導力を持っていた。

ウェリントン公爵は、カトリック差別条項の撤廃を国会に提出し、一八二九年に立法化した。この判断の背景には、差別条項の撤廃を行なわなかった場合、アイルランド全土で反政府蜂起が勃発する危険性があったからだ。

この立法により、カトリック教徒にも国会議員への道が開かれた。同時に、国家公務員などへの差別も撤廃されていく。この流れの中で、前述の「大学テスト法」も誕生したのである。

大英博物館（正面入口）

大英博物館とカール・マルクス

大英博物館には、八〇〇〇万点を超える世界各地からの収集品が保管されている。その中には日本の陶芸品・茶器・工芸品・版画・刀剣・紙幣・硬貨など、日本からの収集品も一万一一三〇点含まれている。

展示品の中でとりわけ来館者の人気を呼ぶのが、エジプト文字解読の鍵となった「ロゼッタ石」（ロゼッタ・ストーン）と、「パルテノン浮き彫り彫刻」である。

前者は、ナポレオン遠征軍がナイル川河口で発見したものを、戦争に勝利した英国軍が獲得した戦勝品である。後者もナポレオン戦争期（一八〇三〜一五年）に、英国人がギリシアの神殿からはがして持ち帰っている。ギリシアからの返還要求が出て、英国の世論も返還すべきと考える人々が四〇パーセントで、大英博物館での継続展示が好ましいと考え

大英博物館グレート・コート。マルクスが読書した場所

る人々一六パーセント前後を明確に上回っている。しかし、現在まで返還されていない。

この二つの展示物が象徴しているように、一七五三年に創立された大英博物館は、地球の各地へ進出した大英帝国が各地で収集し、七つの海を越えてロンドンへ持ち帰ったものが多い。

観光客の中で注目されるもう一つが、大英博物館の「リーディング・ルーム」（閲覧室）である。ここへカール・マルクスが通って「資本論」（Das Kapital）を書いたからだ。資本主義発達・帝国主義拡大の中心地ロンドンの膝元で、資本主義体制を批判し科学的社会主義を確立する活動をしていたのは興味を引く史実である。

「リーディング・ルーム」を含む博物館の図書館機能は、一九九八年に分離独立し、セント・パンクラス駅近くに「大英図書館」（英国図書館）として新築された。ここには、一億五〇〇〇万点の書籍・印刷物が六二五キロメートルにわたる書架に保管され、毎年三〇〇万点が追加される。このため、書架は毎年一二キロメートル延長される。（拙著〈英語短歌集〉「The Floating Bridge: Tanka Poems in English」も保管されているが、知る人は極めて限られている！）

マルクスが読書した閲覧室一帯は、透明の屋根で覆われた「グレート・コート」と呼ばれる現代的な一画に改修されている。建築デザインは、ロンドン市庁舎の設計などで知られるノーマン・フォスターだ。「グレート・コート」内には、マルクスが常に使っていた机も残っているのだが、「グレート・コート」は特別展が催される一画で、展示場設置の関係で近年はマルクスの机を見るタイミングを失いがちである。

マルクスを守った「表現の自由」

大英博物館以外にマルクス縁の地は、ロンドンにもいくつか残っている。

ピカデリー・サーカスやオックスフォード・サーカスに囲まれる賑やかな地域が「ソーホー」地区である。この一帯は「ウェスト・エンド」（英語では定冠詞をつけてThe West End）とも呼ばれるが、パブ、レストラン、ナイト・クラブ、劇場、映画館、中華街などがあり、ロンドンで屈指のエンターテインメント地域である。

ソーホーに「BE AT ONE」という名前のカクテル・バーがある。ピカデリー・サーカス駅の近くで住所は、20 Great Windmill Street, London W1D 7LAだ。このバーは、一九世紀初頭には、

「共産党宣言」発行を協議したパブ。現在は、カクテル・バー「BE AT ONE」

「ザ・レッド・ライオン」という名前のパブだった。このパブの二階で一八四七年に、ヨーロッパの社会主義者が結成した「共産主義者同盟」が二回目の国際会議を秘密裏に開いている。その会議にプロイセン王国から追放されベルギーに亡命していたドイツ人のマルクスとフリードリヒ・エンゲルスも参加した。

　この会議の翌年二月に、ザ・シティの小さな印刷所で、同盟の綱領として「共産党宣言」が一〇〇〇部印刷される。印刷所の住所は、46 Liverpool Streetだった。初刷ブックレットはドイツ語で書かれていた。二年後には、英語版がロンドンで発行された。

「万国の労働者よ団結せよ!」の結語で有名な「共産党宣言」は、マルクスとエンゲルスが起草し、少なくとも八六カ国語に翻訳出版された。文字通り世界の隅々で読まれ、その後の世界のあり方に多大な影響を与えることになる。

マルクス一家が一時期住んでいたアパート。現在はイタリアン・レストラン

「共産党宣言」を発表した翌月、マルクスは亡命先のベルギーから追放される。その後、ヨーロッパを転々としたがフランス政府からも追放されて、一八四九年にロンドンへ逃れてくる。最初に滞在したアパートの家賃が支払えなくなり、ソーホー地区のアパートに移り住み、そこで五六年まで暮らす。その住所は、26-29 Dean Street, W1D 3LLだ。ここは現在、「Quo Vadis」という店名のイタリアン・レストランになっている。

マルクス一家は、その後も転居を繰り返し、貧困に苦しみながらロンドン生活を続ける。子どものフランチェスカが一歳で亡くなったときには、棺おけを買うお金の工面に、マルクスの妻が知人を訪ね歩いている。ベッドまで売り払っていて、質に入れるものさえなかったのである。

このような生活の中で、マルクスは、大英博物館へ通う日々を何年間も続け、「資本論」を書き上げる。第一巻は彼の生存中の一八六七年に発行され、第二巻と第三

ハイゲイト墓地のマルクスの墓

巻は彼の死後、エンゲルスが編集・刊行した。

マルクスは、一時的なロンドン亡命を想定していたが、結局、一八八三年に死亡するまでロンドンを離れることはなかった。晩年は、妻と子どもに先立たれ失意と闘病の生活だったが、気管支炎と胸膜炎を併発して三月一四日に亡くなった。同月一七日には、エンゲルスと一〇人前後の家族と知人によって、妻が眠るハイゲイト墓地に埋葬された。ハイゲイト墓地は、キングス・クロス駅の北北西五・五キロメートルに位置している。

マルクスが、ベルギーやフランス政府から追放されたのは、プロイセン王国当局が、両国に彼を国外追放するよう圧力をかけたからだった。同様の圧力が、英国政府にもかけられた。その外圧を撥ね除けてマルクスを国外追放しない決定を下したのは、ときの首相ジョン・ラッセルだった。決定の理由は、「表現の自由の保障」だったという。リベラル派として知られるラッセル首相だが、外圧に屈しなかった背景には、英国の外交・軍事（特に海軍力）・経済力があった。

ハイド・パークと自由権

表現の自由を保障するため、マルクスを国外追放にしなかった一九世紀のロンドンは、基本的人権の確立・保障を求める動きが活発化した一時代である。「一時代」というのは、自由・人権は、「マグナ・カルタ」や「権利の請願」や「権利の章典」を通して国民が長い歴史にわたって求め続けてきたからである。

「ロンドンの自由」「言論の自由」で多くの人々が想起するのが、ハイド・パークの北東角にある「スピーカーズ・コーナー」である。タイバーンの絞首刑場があった一帯で、マーブル・アーチのそばである。ここでは、近年は、イスラム教徒の政治演説によく出合う。

「スピーカーズ・コーナー」では、女王批判と政府転覆の主張以外は何でも自由に発言できると、日本では広く伝えられている。しかし、何かの禁止事項や例外規定が明記されているわけではない。そもそも、英国では、国王・女王や王室メンバーの批判は新聞やテレビで問題なく行なわれる。禁止規定はないが、このコーナーは「何でも言いたい放題」が特別に許される場所でもない。

このコーナーでの発言で逮捕された者もいる。「サロメ」の戯曲などで知られる詩人・劇作家のオスカー・ワイルドが同性愛で裁判の結果投獄された事件があったが、その判決・投獄を批判し

ハイド・パークのスピーカーズ・コーナーで演説している人

た人物がいた。彼は演説中に私服警官に逮捕されている。逮捕理由は、演説にわいせつ表現が含まれていたというものだった。ここで行なわれた演説でも誰かが演説者を「名誉毀損」などで訴えれば、当局は対処する。ここでも法律は適用されるのである。この意味では特別な場所ではない。

「スピーカーズ・コーナー」がロンドンの自由の象徴の一つになったのは、一八七二年以降である。公園内で市民が集会を行なう場合、政府が許可を与えていたが、その許可を与える権限を政府が公園管理当局に委譲する法律がその年に成立したからである。この立法によって、政府の干渉を避けて市民が集会を行ない、演説する権利が拡大されたのである。

集会と言論の自由は、ハイド・パークでこのように確認されていくが、言論の自由と切り離せない「報道・出版」に関しては、「スピーカーズ・コーナー」が生まれる前にも後にも、その自由が抑圧・弾圧されるケースが生じている。

書籍や印刷物は、その出版に先立って政府の承認を得なくて差し支えない基本的自由は、一七六五年から四年間かけて法的に確認された。しかし、同時に、出版物に「不道徳・有害・違法」な表現があった場合、処罰の対象となった。何が不道徳や有害であるかは、恣意的に権力によって判断される状況であった。また、記載事項が事実であっても、その出版によって「暴力的な復讐」がもたらされた場合は、著者は法的責任を負わされた。

一七六三年には、国王ジョージ三世の外交演説を批判した新聞社の責任者が、名誉毀損罪で投獄されている。七五年には、土地の私有を否定し公有化を訴えたパンフレットを配布した人物が反逆罪で投獄されている。

出版への弾圧は間接的にも行なわれた。一八一九年には、新聞を含む広範な印刷物に高い税金がかけられた。このため低料金で発行していた労働者階級向けの新聞が打撃を受けた。新聞社側の対抗処置は税金不払いだった。結果、政府は三六年に大幅な出版税減税を強いられた。

各種自由権を獲得し定着させるたたかいは、ロンドンの社会的・政治的「雰囲気」になり、ヨーロッパにも知られていくようになる。これをよく表しているのが、ロシアの革命家レーニンのロンドン滞在である。

レーニンはロンドンを六回訪れている。一九〇二年四月から翌年五月まで妻とロンドンに滞在して、政治新聞『イスクラ』（Iskra＝火花）を地下出版していた。その作業場所は、「二〇世紀プレス社」だった。そこは現在「マルクス記念図書館」となっている。住所は、37a Clerkenwell Green, London ECIR 0DU である。

レーニンの妻で革命後政府の要職も務めたナデジダ（ナジェージダ）・クルプスカヤも、「資本主義の要塞」を見て回った。彼女は訪英以前に収監されていたロシアの監獄で英語を独学し、英書のロシア語への翻訳経験もあった。しかし、ロンドンでは英国人が話す英語がまったく理解できず、彼女の話す英語もまったく通じなかった。このため、彼女は、「スピーカーズ・コーナー」へ出かけて行ってヒヤリングの練習をしたと、後年書き残している。

労働者・貧困階級と紅茶

ユネスコが世界遺産「海事都市グリニッジ」に指定している地域には、中国から紅茶を輸入するために一八六九年に建造された快速帆船カティ・サーク号の実物が展示されていて、「アフタヌーン・ティー」を連想する。また、日本で出版されるロンドンの旅行案内書によく載るものの一つが「アフタヌーン・ティー」である。しかし、紅茶を午後に社交を兼ねて飲む習慣は、英国社会一般の伝統的な日常生活を反映するものでは決してない。

「アフタヌーン・ティー」は、ビクトリア女王の生涯の友人であったベッドフォード公爵夫人アンナ・マリア・ラッセルが、一八四〇年代に考案したものである。

公爵夫人は、午後に友人を自宅へ招待し、紅茶とビスケットやバターを塗った小さなパン切れを

紅茶の輸入に使われた快速帆船カティ・サーク号

出して上流社会の社交形態の一つを形作っていった。軽食には、ケーキや小さなサンドイッチも出されるようになる。スコーン（小麦粉・牛乳・バター・干しブドウ・砂糖などを材料として焼いた、小さなケーキとパンの中間的なもの）も出されるようになった。これには、バター・ジャム・凝固した濃厚クリームなどをつけて食べる。

「アフタヌーン・ティー」は、上流社会・富裕層の伝統的な社交文化であって、産業革命で英国が〝世界の工場〟となった時代の労働者階級には疎遠なものであった。

英国人は確かに紅茶をよく飲む。朝・昼・夕食時に加えて午前一〇時半ころと午後二時半ころに飲むのを習慣としている人々が、今日では中流・労働者階級にも多くいる。しかし、「トワイニング」がロンドンで紅茶の量り売りを始めた一八世紀には、紅茶は労働者階級には高価な飲み物だった。労働者階級を含めて広く飲まれるようになったのは、「リプトン」が食料品チェーン店を展開し、紅茶を安く売り始めた一八九三年以降である。

今日のロンドンでも、「アフタヌーン・ティー」と名づけると高級感が生まれるのか、高値がつく。ピカデリーにある「ザ・リッツ」(The Ritz) ホテルの場合、一人前四五ポンド（日本円で約七六〇〇円）からである。ここは、予約も必要である。テムズ川の遊覧船に午後二時から四時まで乗りながら「アフタヌーン・ティー」を味わう企画もある。乗船料含みで三八ポンド（日本円で約六四〇〇円）からである（いずれも一番安い軽食メニューで二〇一三年の料金）。ちなみに、「トワイニング」のティー・バッグ（一〇〇袋）の値段は、四ポンド五〇ペンス（日本円で約七六〇円）である。

一八世紀後半には、大衆の間では紅茶は決して広く飲まれていなかった。しかし、それでも「貧困層・労働者階級」が飲むことに対して厳しい批判が起こっている。階級による差別意識の反映でもあった。

「女中・召使い・手作業員・農夫・道路人夫などの肉体労働者が紅茶を飲んで時間を浪費している」「貧乏人階層でさえ、午前と午後に紅茶を飲んでいる者が目につく」「パンを買う金さえない者が紅茶を買っている」「紅茶に時間を取られて子育てをまともにしていない」「労働者の労働力が低下し国家が滅亡する」「健康を害して、有事に国家を守る強固な人間が少なくなる」などの意見が執拗に流布された。

このような労働者・貧困者・女性への偏見と差別は次第に消えていくが、英国では、茶器・紅茶

日英の茶器を使った野点披露（ヨーク・セント・ジョン大学で開かれた日本文化祭で。実演者・北野多恵子／撮影・田原直樹）

関連什器は、「富裕」「華やかさ」「階級」を反映させる形で発達していく。

富裕層では、銀製の湯沸かし器・ポット・茶筒・スプーン・茶漉し・盆などが重宝され、紅茶カップやソーサーは、ウェッジウッド製などの色彩・装飾豊かなものが、「王室御用達」のネーム・バリューとともに普及する。日本の侘茶の「草庵茶室」「黒楽茶碗」「織部沓形茶碗」「竹一重切花入」などと際立ったコントラストをなす。

私は、カフェーで一服するときは、通常「Earl Grey」（アール・グレイ＝柑橘系の香りをつけた紅茶）を注文する。待っている間に、必ず思い出すのが日本の茶室である。

茶室の出入り口は小さく造ってあり、「にじり口」と呼ばれる。茶室へ入るには、身分・地位の高い者も低い者も、金銭的に豊かな者も貧しい者も、頭を下げて「にじり口」を「くぐる」。武士は、刀を腰から外してくぐったといわれる。くぐり抜けると、そこは、すべての人間が平等な世界であり、社会階層・社会的諸制度も否定される世界である。

焼失した「クリスタル・パレス」

ハイド・パークは、他のロンドンの公園と同様に、基本的には芝生に覆われた緑地で、野外演奏会や政治集会の仮のステージは設けられるが、レストランや喫茶店も限られ、広々とした、「物」とは疎遠な空間が魅力な場所である。古くは、ウェストミンスター寺院の所有地だったのをヘンリー八世が一五三六年に取り上げ、鹿狩りに興じていた一帯である。

ここに特設会場を設け、産業革命の歴史的成果と、大英帝国の経済的・物質的繁栄を英国民と世界に向けて展示する国際博覧会が、一八五一年五月から五カ月半開催された。

目的は、「産業の刺激・国民教育・国際理解と協力促進」だった。

万博の建物は、長さが五六三メートル、幅が一三八メートルで、三〇万枚のガラス・パネルを使って組み立てられ、「クリスタル・パレス」（水晶宮）と呼ばれた。

世界各地から輸入された原料、英国の工業製品、産業革命を推進していた機械、世界から収集した美術品などを展示するスタンドの全長は一六キロメートルを超え、一〇万点の展示物には、大型の蒸気機関・織機などの実物とその作動実演も含まれた。

期間中、のべ六〇〇万人が訪れた事実は、世界初の万博の成功を物語っている。恋愛小説

「ジェーン・エア」の著者シャーロット・ブロンテは、二回目に訪れた後、「人類の勤勉が生み出した物は何でもここにある」「地球の隅々からのこれらの豊かな産物は、魔法のみが収集できたかのようだ」と、驚嘆と賞賛を述べている。

しかし、否定的な見方もあった。労働者階級の日常生活を緻密に描き、社会問題を真摯に直視した小説「メアリー・バートン」や「北と南」で知られるエリザベス・ギャスケルは、三回訪れた後「絶対に再び行かない」と言っている。カール・マルクスは、「商業的偶像神の資本家階級の神殿」「資本家の物資への盲目的崇拝の典型」と酷評している。

緑の芝生に映える五〇〇メートルを超える巨大な水晶のような館が、夏の陽光を反射して光り輝いているのを想像すると、それは輝かしいロンドン・英国を象徴しているかのように思われる。しかし、繁栄の裏には死活状態に置かれている多くの貧困者がロンドンにいた。

この万博の年に、ロンドンで「ロンドンの労働とロンドンの貧民」が出版されている。ジャーナリストのヘンリー・メイヒューが丹念に庶民の日常生活を調査し、貧困者へのインタビューを含めて新聞に連載していた記事を編纂したものである。

この本に、父を亡くし、病気で働けない母親を支えている一四歳の少年の話がある。真冬に膝まで擦り切れたズボンを身につけているが靴は履いていない。素足はしもやけだらけである。少年は、テムズ川の引き潮時に腰まで泥の中につかって、石炭・鉄くず・銅の釘・ロープ・骨などを拾って売り、わずかな収入を得ていた。骨は当時、ボタンや「にかわ」（接着剤の一種）を造るのに使われた。

「クリスタル・パレス」は博覧会終了後にロンドン南部に移築されたが、一九三六年に焼失し、「クリスタル・パレス」は、現在、地名とサッカー・クラブ名としてのみ残っている。

ハイド・パークを歩きながらクリスタル・パレスに思いを馳せると、水晶宮は、大英帝国の興隆と衰退の象徴のように思われてくる。

Ⅶ

政治・社会改革の時代

「マッチ女工ストライキ 125 周年」フェスティバルのリーフレット

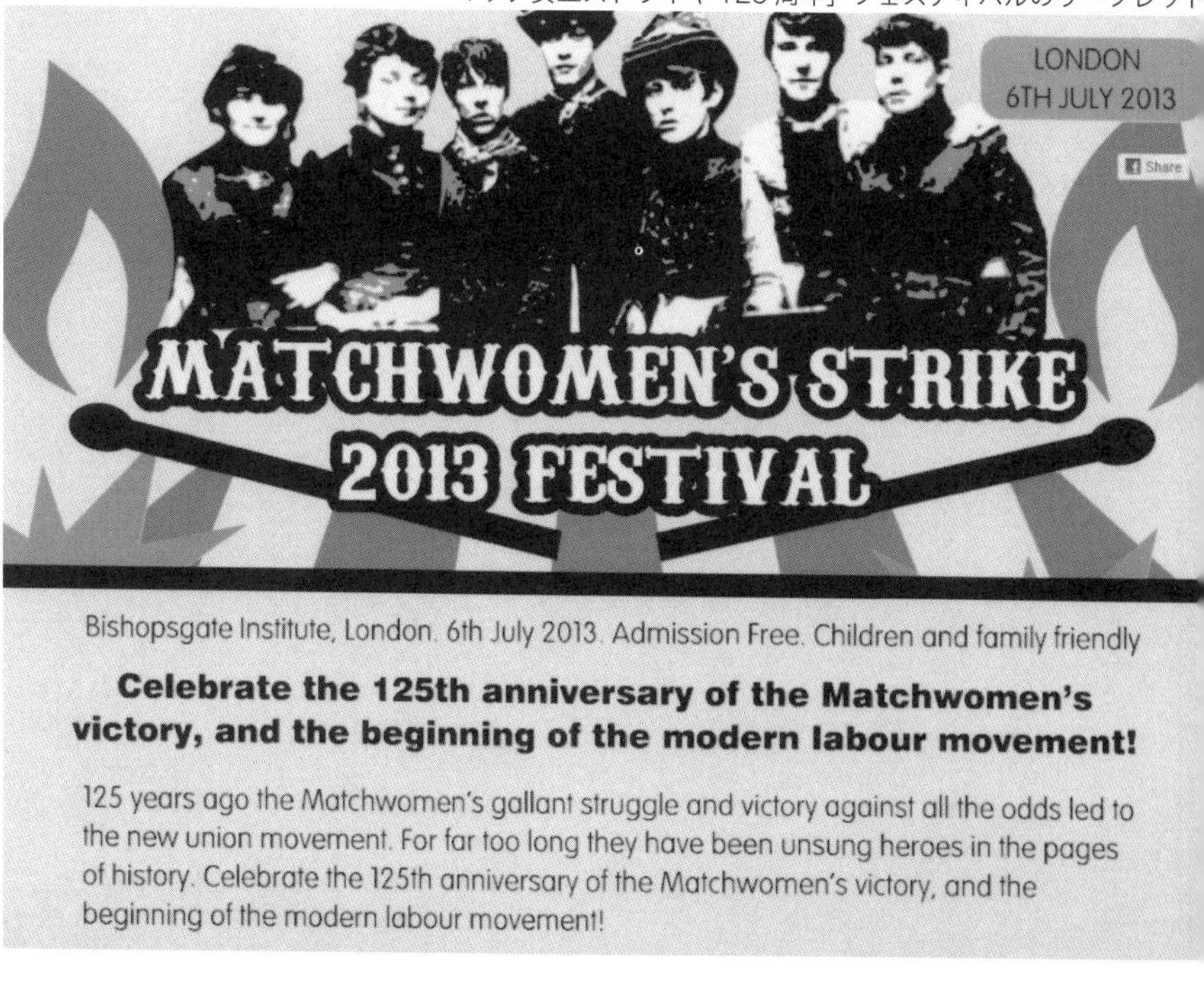
LONDON
6TH JULY 2013
Share
MATCHWOMEN'S STRIKE
2013 FESTIVAL
Bishopsgate Institute, London. 6th July 2013. Admission Free. Children and family friendly
Celebrate the 125th anniversary of the Matchwomen's victory, and the beginning of the modern labour movement!
125 years ago the Matchwomen's gallant struggle and victory against all the odds led to the new union movement. For far too long they have been unsung heroes in the pages of history. Celebrate the 125th anniversary of the Matchwomen's victory, and the beginning of the modern labour movement!

ビクトリア女王と「ミセス・ブラウン」

バッキンガム宮殿前の広場で、観光客の目に必ずつくのがビクトリア・メモリアルである。ビクトリア女王（在位一八三七〜一九〇一年）の像の周りに「正義の天使」「真実の天使」「チャリティー」（慈善）を意味する像を配し、その上には、「平和と勝利」「勇気」「忠誠」を現す像が黄金に輝いている。これらの下部を、「人魚」などの海にまつわる神話に出てくる生物の彫像が取り巻き、「英国の海軍力」を見る者に想起させる。「七つの海を支配した大英帝国」と「ビクトリア時代の繁栄」の象徴である。

ロンドンの人口は、一八三一年の一六五五万人から一九〇一年には、六五〇〇万人に増加している。また、ロンドンの繁栄はそのまま大英帝国（British Empire）の版図の拡大に直結した。それに伴い、ビクトリア女王の在位中に戦争・武力紛争で海外派兵した回数は三七回におよぶ。派遣先（現在の国・地名）は、アフガニスタン、クリミア半島、ブータン、インド、中国、ビルマ（現ミャンマー）、ニュージーランド、ウルグアイ、ニカラグア、タンザニア、南アフリカなどを含んだ。

帝国主義による支配拡大は地球規模になり、一八七七年には、ビクトリア女王は、「Empress of India」（インドの女帝）にも即位する。大英帝国のサイズがピークに達したのは、ビクトリア時代が終わった一九二二年になるが、「世界人口の約五分の一」「地球の陸地の四分の一近く」を含んだ。

一八歳で即位し、六三年七カ月間在位した女王は、ドイツ出身の夫プリンス・アルバートとの間に、四男・五女をもうけ、孫の人数は四二人に達した。子孫がヨーロッパ各国の王室へ嫁ぎ、女王は、「ヨーロッパの祖母」とさえ呼ばれた。しかし、女王が四二歳の年に夫のアルバート公に先立たれた。

アルバート公の死後、女王は長い間喪に服す生活を送る。その間の女王とスコットランドのお気に入りの使用人ジョン・ブラウンとの交流を描いた映画が、「Mrs. Brown」(ミセス・ブラウン)である。邦題は、「Queen Victoria 至上の恋」だ。

バッキンガム宮殿前のビクトリア・メモリアル

世界各地に、ビクトリア女王にちなんだ島・湖・滝・港湾・公園・駅・道路などがあるが、ロンドンには、地名・道路名に加えてビクトリア駅やビクトリア公園がある。また、ハイド・パークの南方には、世界最大の装飾芸術・工芸博物館の「ビクトリア・アンド・アルバート・ミュージアム」と、イベント会場の

ビクトリア・アンド・アルバート・ミュージアム（上）とロイヤル・アルバート・ホール（下）

「ロイヤル・アルバート・ホール」がある。

これらの名称からビクトリア女王は国民と世界に親しまれた女帝であった印象が生まれる。しかし、女王と進歩的な女性との間には厳しい対立があった。女王は、婦人参政権などの女性の権利を主張する運動を、「狂気・邪悪・愚劣」などと呼んでいる。また、「大切なことは、世人が私のことをどう思うかではなく、私が彼らをどう思うかだ」と言い切っている。

バッキンガム宮殿

ビクトリア女王が即位した一八三七年以来、バッキンガム宮殿は、英国王室のロンドンにおける居所であり、王室業務の場でもある。

宮殿の建物は、幅一〇八メートル・奥行き一二〇メートル・高さ二四メートルだ。迎賓室からスタッフの寝室まで完備し、事務室を含む宮殿内の部屋総数は七七五室である。宮殿の晩餐会・園遊会などで、年間に招待されるゲストは五万人を超える。

毎年六月に挙行される「女王（エリザベス二世）の公式誕生日」（実際の誕生日は、四月二一日）には、宮殿の周りは祝福に訪れる人々と観光客で文字通り人の海となって、その中に入るとイベントが終わるまで身動きができなくなる。誕生日には、近衛騎兵隊の軍事パレードも行なわれ、グリーン・パークやロンドン塔で祝砲が打ち鳴らされる。

パレード終了後、女王や王室関係者はバッキンガム宮殿のバルコニーの上に参列し、国民と「対

女王公式誕生日の「儀礼飛行」。バッキンガム宮殿上空

面」する。軍服姿もある。その上空を空軍の軍用機が「儀礼飛行」する。飛行には、第二次世界大戦で活躍した戦闘機スピットファイアーや爆撃機ランカスターに加え、現役主要戦闘機トーネードー・ハリアー・ユーロファイター、大型輸送機、早期警戒管制機、戦闘ヘリコプターなど、英国空軍の歴史的航空機と現役空軍戦力が参加する。(機種は年によって異なる。)

この軍事イベントに、私は違和感を感じる。英国人で王室の存在を否定しない人々の間でさえも、ランカスター爆撃機の飛行には抵抗を感じる国民がかなりいる。なぜなら、第二次世界大戦中に英国がドイツの都市ドレスデンに絨毯爆撃を行なった際に使用した空軍機の中心がランカスターだったからだ。ドレスデン爆撃は、広島・長崎・アウシュビッツと同列に語られる。

バッキンガム宮殿は、政治の場でもある。女王は毎週首相を迎え入れ、政情に関する報告を受ける。「謁見」(The Audience)と呼ばれる制度だ。両者の対面が困難な場合は電話で行なわれるが、女王が休暇中にスコットランドのバルモラル城へ首相を招待して行なわれたこともある。

起きなかったロンドン革命

バッキンガム宮殿の周辺に大砲を配備して王室を守り、ビクトリア女王をポーツマス沖のワイト島に非難させる「事件」が、一八四八年四月一〇日に起きた。

この日、テムズ川南岸のケニントン・コモン（地域の共有地・広場）で、「チャーティスト」が、選挙権拡大を求める大集会を開いた。この場所は、現在は、ケニントン・パークという名前の公園である。観光拠点の多いテムズ川北岸から訪れるには、河畔の美術館テート・ブリテンの川上の橋(Vauxhall Bridge）を渡って南岸へ行き、南東へ約一キロ歩くと自然と行き着く。

「チャーティスト」の名は、普通選挙権獲得を主な目的として労働者が主体となって一八三八年に出した「人民憲章」（The People's Charter）に由来する。「憲章」が「チャーター」で、それを信じる人が「チャーティスト」である。

「人民憲章」が要求したのは、（一）二一歳以上の男性の投票権、（二）無記名秘密投票制、（三）人口に基づく平等な選挙区の設置、（四）議員になるのに必要とされた財産資格の廃止、（五）議員への歳費支給、（六）数年に一度ではなく年毎の国会下院選挙、の六項目であった。

「チャーティスト」運動が盛り上がったのは、一八三二年の「選挙法改正」の内容が不十分だっ

チャーティストが集会を開いたケニントン・コモン

たからである。産業革命で興隆した工業都市での投票権は拡大されたが、英国全体で投票できたのは、成人男性の約七人に一人だった。

「チャーティスト」運動は、「労働者による最初の本格的な組織運動」と、マルクスが評価している。

活動の中心は署名活動だったが、一〇〇万人を超える署名を議会へ提出したにもかかわらず、審議が行なわれなかった。地方では暴動も起き、軍隊との衝突で死者も出ていた。そのような背景の中で選挙権拡大運動は、ケニントン・コモンでの大集会へと発展していったのである。

当日、ロンドンと全国各地から推定五万人のチャーティストがケニントン・コモンに集まった。主導者は、アイルランドの急進的な法律家・政治家で、新聞発行人でもあったファーガス・オコーノルだった。

集会の後、五七〇万人（オコーノル発表）の署名を馬車に積んで国会議事堂へ大行進を行なう段取りになっていた。しかし、大行進は政府の命令で禁止され、テムズ川に架かる橋はすべて軍隊・警官が封鎖し、国会議事堂のある北岸への移動は武力で突破する以外には不可能となった。当日、政府は、首都防衛の総指揮者に「ウォータールーの戦い」でナポレオン軍に勝利した〝鉄の公爵〟ウェリントンを起用した。八〇〇〇人の兵士に加え、一五万人の「特別治安官」（臨時雇用の警官）が配備され、イングランド銀行や大英博物館などの主要な施設の防衛にあたった。

選挙権拡大を求める労働者の運動に対してこのような弾圧的な予防策を講じたのは、政界や支配階層の一部にこれが革命の蜂起につながりかねないとの懸念があったからであろう。「労働者の蜂起」は杞憂ではなかった。この年の二月には、「共産党宣言」が発行され、フランスでは「二月革命」が起き、国王ルイ・フィリップは英国に亡命していた。

このような状況下で「チャーティスト」数万人と「ロンドン防衛隊」が対峙したが、革命どころか衝突すら起きなかった。主催者側がケニントン・コモンから国会議事堂への大行進を諦めたのである。その理由は極めて明確であった。デモ行進を強行し軍隊・警備隊と衝突が起きれば、大量の死者が「チャーティスト」側に出ると、主導者たちが冷静な判断を下したのだった。

結局、オコーノルら数人の代表者が、署名を乗合馬車三台に積んで議会に届けた。馬車には、いくつもスローガンが書かれていた。「憲章は絶対に放棄しない」「自由はそのために生きそのために死ぬ価値がある」「自由になり得る人間で誰が奴隷になろうか？」「人民の声は神の声」。

「チャーティスト」運動は、この日をピークとして衰退していく。

ピカデリー・サーカスとアンテロス像

英国の選挙法は、その後、一九世紀に二回改正され、一九一八年になって、二一歳以上の男性は条件を付されることなく投票権を得る。この改正で女性は初めて投票権を得た。しかし、女性の投票権は「三〇歳以上」やそのほかの条件が付されていた。

ピカデリー・サーカスの「アンテロス」像

ロンドンの地名に「サーカス」（Circus）がつくところがいくつかある。「ピカデリー・サーカス」「オックスフォード・サーカス」「フィンズバリー・サーカス」などである。「サーカス」はラテン語に由来し、道路が交わるところ（交差点）に設けられた円形の広場を指す。

ピカデリー・サーカスには有名なものが二つある。

一つは、景観保存の規制に厳しい英国では珍しい、広場の一角のビルに取りつけられている大型ネオン・サインである。今から十数年前、誰の目にも飛び込

ピカデリー・サーカスのアンテロス像とネオン・サイン

んで来たのが、日本の「SANYO」と「TDK」と、アメリカの「Coca-Cola」だった。私は日本の教育現場の「日の丸・君が代」強制に見られる偏狭な愛国心には批判的だが、ここで「SANYO」と「TDK」のネオン・サインを見るたびに、日本のハイテク産業と日本を誇りに思っていたことは正直に告白する。現在は、「マクドナルド」や韓国の「サムスン」も加わっている。

もう一つ有名なのが、「アンテロス」像である。広場の噴水の上部に取りつけられている裸体の若い男性像で、ギリシャ神話の「エロス」(Eros)像と、英国でも日本のガイドブックでも呼ばれることが多い。しかし、「エロス」像ではない。

青年像の背中には翼(蝶の羽に似る)があり、弓を持っている。ローマ神話に出てくる「キューピッド」にとてもよく似ている。しかし、この像は「キューピッド」でもなく「エロス」をモデルとしているのでもない。彫刻家アルフレッド・ギルバートが制作当初（一八九二〜三年）から明確にしているように、像は、「エロス」の弟の「アンテロス」（Anteros）である。

アンテロス像は、第七代シャフツベリー伯爵（一八〇一〜八五年）を顕彰する目的で噴水とともに、一八九三年に建てられたものである。社会改革家・慈善活動家・政治家であった伯爵の偉業への評価は、ピカデリー・サーカスからケンブリッジ・サーカスを通って北東へ走る大通りが「シャフツベリー・アベニュー」（Shaftesbury Avenue）と、名づけられていることからもうかがわれる。

第七代シャフツベリー伯爵は、貧困者・児童・労働者・精神病患者を救済するために、議会活動を通して社会改革に多大な貢献をし、「改革卿」「貧しい人々の伯爵」と呼ばれた貴族であった。伯爵は、オックスフォード大学でラテン語とギリシャ語を学び、法学博士号を取得している。政府の要職に就ける人物と周囲から評価されていたが、伯爵は社会改革と救済立法に地道な情熱をかけている。

伯爵は、極貧状況に置かれていた子どもを対象とする教育施設の開設を全国で制度化し、三〇万人の児童が教育を受ける機会を得ている。また、裸体で鎖につながれトイレもなく麦わらの中で寝起きしていた精神病患者の実態を告発し、患者の人権へ国民の目を向けさせ、精神病院の改善に力を注いでいる。

また、「炭鉱の細い坑道内で女性や一〇歳以下の子どもに這いながらトロッコを引かせる作業の禁止」「九歳以下の子どもの工場作業の禁止」などを法制化している。そのような中で誰の目にも

シャフツベリー・アベニュー

ピカデリー・サーカスのアンテロス像

留まったのは、少年の煙突内清掃作業の禁止だったであろう。当時の家屋は現在でもロンドンに多く残っていて、使用しなくなった煙突も建物の一部としてそのまま残っている。当時は、小柄な子どもが煙突の上部から煙道に入って清掃していた。その作業中に窒息したり落下して多くが命を落としていた。また、石炭や木材の燃焼で生じるタールによって癌を発病していた。

ピカデリー・サーカスの像は、「キリスト教的慈愛を表す天使」の像である。伯爵の社会改革の背景にあったキリスト教の慈愛を表している。「エロス」が示唆する男女間の愛・恋愛や官能の世界とは無縁のものである。

グラッドストン首相の立像と女工の鮮血

ロンドンの中心と一般的に呼ばれるチャーリング・クロス駅の東北東約八キロメートルの位置に「ボー」(Bow) 地区がある。そこに「ボー・ロード」「ボー・チャーチ」などの地下鉄・鉄道・バスの駅がある。どの駅で降りても東北東に走っている主要道路を数分歩くと、小さな木立の中央分離帯が目につく。そこに英国史に残る大物政治家ウィリアム・グラッドストン (一八〇九〜九八年) のブロンズ像が建っている。像の手には誰かによって赤いペンキが塗られることがあるが、私が撮影に訪れた日には、「血」を示唆する赤いペンキは拭き取られていた。

グラッドストンは、六〇年間の自由党議員活動中に財務大臣を四回務め、保守党から四回政権を奪還して四回首相を務めた経歴を持つ大物である。彼の立像は、国会議事堂内と、ストランド通りの「トワイニング」の紅茶の店の近くにもある。都心から離れたボー地区にも像があるのは、その地区にあったマッチ会社（ブライアント・アンド・メイ＝Bryant & May）の社長が、一八八二年に工場の近くに建立したからである。そのマッチ工場は、当時ロンドンにあった各種生産工場で最大の規模を誇っていた。

工場は、ロンドン・オリンピック主会場の南西一キロに位置し、現在は、「ボー・クォーター」と呼ばれる居住地区になっている。七一四のアパートを含む七つの建物群に加え、豊かな庭園・レジャー施設・ショッピング施設・居住者専用のバーやレストランもあり、「アパート」と言うには高級である。家賃は、寝室一つの物件が月額一九万円、寝室二つの建物は二四万円である。周辺の環境が良く、周りには高層ビルもないので、オリンピック開催中は、建物の最上部の一角に英国国防省が、地対空ミサイルを設置し、テロリストの空からの攻撃があった場合に備えた。

マッチ工場近くのグラッドストン元首相の立像

ボー・クォーター（元マッチ工場）

マッチ会社は景気が良く、株主に二〇％から二五％の配当を支払っていた。株主には、多くの国会議員や聖職者がいた。しかし、一〇代のアイルランド人少女が大多数を占めた従業員の労働条件は劣悪だった。

女工たちは通常一日一四時間も働かされ、低賃金（歩合給）に加えて、仕事中の私語や無断トイレ、些細な「ミス」にペナルティーが科され減給された。遅刻すると半日分の賃金が引かれた。その上、当時、マッチ製造では猛毒の黄燐を使用したため、脱毛・顔面変色に加えて、「燐顎」（顎の骨の壊死・癌の一種）を患う工員が多く出ていた。

そのような過酷な労働条件の下に置かれていた女工たちの安い歩合給から、会社は強制的に毎週一定額を引いて、首相の立像建立の費用を賄ったのだった。その上、除幕式には、従業員は半日の「休暇」が与えられたが、それは有給休暇ではなく、女工たちにとっては半日分の収入減を意味した。

このため、除幕式の日には、多くの女工たちが、石やレンガを身に隠して参加した。状況によっては投石をする覚悟だったのであろう。女工の多くが像の前で、「これは私たちのお金で建てたのだ！」と激しく泣き叫んだという。さらには、数人が自分たちの腕を切って、大理石製の像の台座に鮮血を垂れ落として抗議したという。

二一世紀になっても、グラッドストンの右手に赤いペンキを塗る人々が出る。首相個人への抗議ではなかろう。貧困の中で過酷な労働を強いられていた若い女工へ想いを馳せ、身を切り鮮血を流して抗議した彼女たちと心情を分かち合う人々がロンドンにいるからだろう。

歴史に火を点けた「マッチ女工たち」

マッチ工場の過酷な労働条件と株主への高配当は、一八八八年六月一五日に開催されたフェビアン協会（一八八四年設立・政治機構の完全な民主化と産業の漸進的な社会主義化を目指す社会主義団体）の集会で報告される。それを受けて、「ブライアント・アンド・メイ社製のマッチを購入も使用もしない決議」がなされる。この集会に参加していた一人が、アニー・ベザント（Annie Besant）だった。

ベザントは、早速、マッチ工場へ出かけて従業員の聞き取り調査を行ない、その結果を彼女が発行していた新聞『ザ・リンク』（The Link）の六月二三日（土曜日）号で発表する。記事のタイトルは、「White slavery in London」（ロンドンの白人奴隷制度）だった。

記事は、前述の過酷な労働条件に関して具体的な数値を列記している。

『ザ・リンク』の記事は、リーフレットにもされてロンドンで配布された。それに対抗するため、会社側は従業員全員に「記事は事実でない」旨の書面にサインを強要した。従業員が拒否すると、会社側はベザントに実情を話したとの嫌疑で三人を解雇する。すると従業員全員が三人の救援に立ち上がり、一五〇〇人の女工が七月五日に一斉に工場を離れてストライキに入ったのである。周囲が驚嘆する強固な団結力とスピードでストライキに入った彼女たちは、解雇された三人の解雇撤回・賃上げ・労働時間短縮・ペナルティーの廃止を訴え、同月八日には、「労働組合結成」を決議する。

『ザ・リンク』の報道やフェビアン協会メンバーのサポートもあって、闘争基金が設けられ、社会の支援はロンドンを越えて英国各地から集まる。会社側はスト崩しを試みるが、彼女たちの結束は固く、三週間後に彼女たちの要求はすべて受け入れられ、全面勝利となった。

この闘争の中で立ち上がった労働組合が「The Union of Women Match Workers」（女性マッチ労働者組合）である。これは、英国で最初の「非熟練労働者」の組合だった。

繊維生産・機械製造・冶金・土木・建築・鉄道・造船などにかかわっていた技師・熟練工の労働組合は、一八三〇年代から成長し出し、裁縫・室内装飾・造花製造・製本などの女性熟練職人の労働組合も一八七五年に誕生していた。しかし、非熟練労働者の組合はなかった。

この組合の設立が非熟練労働者を刺激し励ますことになる。翌一八八九年春には、一二時間労働を強いられていたガス事業労働者二万人が組合を結成し、「一日八時間労働」を求めてたたかい出す。同年八月には、ドックランズの日雇い港湾労働者が、最低賃金の確保と雇用の安定（最低一日四時間の確保）を求めてストライキを打った。

これらの闘争の結果、非熟練労働者に限らず、組織化される労働者数が英国で急増し、一八八八年の七五万人から三〇年後には六五〇万人になっている。

ストライキ中のマッチ女工たち（『The Great Dock Strike 1889』の著者の厚意で転載）

「マッチ女工たち」のストライキから一二五年になる二〇一三年七月六日に、ロンドンでフェスティバルが企画された。彼女たちの勝利と近代労働運動の始まりを祝う催しである。スポンサーには各種の全国労働組合、教育機関、出版社、法律事務所が名を連ねた。

このストライキは、英国史上で少なくとも二つの大きな意義があった。

まず第一に、このストライキに触発されて非熟練労働者の組合が急増したが、組織化された労働者数の増加が、英国「労働党」の誕生（一九〇〇年）を可能にした重要な要因であった。（「労働党」の誕生年に

LSE 大学のオールド・ビルディング

ついては、その名称「The Labour Party」が用いられた一九〇六年とする見方もある。）

第二は、彼女たちのストライキと、それを支持する運動の盛り上がりによって、潜在していた過酷な労働環境、資本家の搾取、貧困、女性の社会的地位などの問題が、社会で急浮上し、多くの人々の目に明らかになった点である。

より良い社会の構築を社会科学的に研究する大学も生まれた。ストライキ突入直後に設けられた闘争基金の運営の責任を持っていた人々が中心となって、一八九五年に「ロンドン・スクール・オブ・エコノミックス・アンド・ポリティカル・サイエンス」（通称LSE＝社会科学系の大学）を創立している。大学創立の目的は、「社会の改善」（Betterment of Society）だった。今日、社会科学の研究・教育で世界一、二位に評価されるこの大学は、卒業生と教員の中から一六人のノーベル賞受賞者を出している。

セツルメント運動

ロンドンの一地域に「イースト・エンド」がある。テムズ川の北側で、ザ・シティの東方を指す。英語では、「The East End」と、定冠詞をつけて表示される。

この地域にペチコート・レーンがある。女性の下着の一種の「Petticoat」の「レーン」(Lane＝路地・横丁)である。その名の通り、ペチコートを含む多様な衣服の露店が並ぶ。

ペチコート・レーン。背景はザ・シティ

ペチコート・レーンは、タワー・ブリッジの北方約一キロメートルに位置している。リバプール・ストリート駅から、南東へ少し歩けばすぐに着くが、通りの西側はザ・シティにつながる。このため、ペチコート・レーンを歩くと、庶民の衣料品バーゲン・セールの屋台の海の向こうに、世界の金融マーケットで膨大なお金を動かしている、銀行・証券・保険会社の高いビルが目に入ってくる。この極めて対照的な二つの「マーケッ

ブリック・レーン（Brick Lane）マーケット（上）とスピタルフィールズ（Spitalfields）マーケット（下）

ト」は、ロンドンにある二つの社会を象徴している。

イースト・エンドには、後述の「カナリー・ウォーフ」のような現代の金融ビジネスの最先端地域も開発されているが、大部分は「庶民」の地域であり、何世紀にもわたって「貧困」と「移民」で知られる。娯楽・文化・ショッピングで知られるウェスト・エンド（The West End＝ザ・シティの西方）と対照的である。

ペチコート・レーン周辺には、ブリック・レーン（Brick Lane）マーケットや、スピタルフィールズ（Spitalfields）マーケットも近接している。この一帯は、衣料品に限らず、日用品や食料・収集品・工芸品・美術品・各国の食べ物などを売る屋台で賑わう。日本人が出している「たこ焼き」の屋台に出遭うこともある。

これらのマーケットを含む「タワー・ハムレッツ」地区は、英国の最貧地域である。ここで一三〇年近く、貧困救済に取り組んでいる組織が存在する。ビクトリア時代に「セツルメント運動」を始め、今日においても活発な活動を展開している「トインビー・ホール」と「オックスフォード・ハウス」である。

英国で「セツルメント運動」と呼ばれるのは、大学教員・宗教家・学生などが一体となって、社会福祉事業を行なうために、貧困地域に入ってそこに住み、その地区の住民とともに貧困解消・生活向上を目指す運動である。社会問題解消を目的とする「入植」である。

「トインビー・ホール」（Toynbee Hall）の名称は、「セツルメント運動」を提唱し開設に努力し

トインビー・ホールの一角。左手の奥がアトリー・ハウス

ながら、施設開所一年前に亡くなった、アーノルド・トインビー（Arnold Toynbee）に由来する（歴史学者で有名なアーノルド・ジョセフ・トインビーは彼の甥にあたる）。

彼は経済学者で、オックスフォード大学で教鞭を執っていた。「産業革命」を歴史・学術用語として定着させたことでも知られる。また、労働者階級のために図書館を建て、労働組合と協同組合（コープ）の設立を推奨していた。

一八八四年、ホールは、トインビーの同志で祭司のサミュエル・バーネットと彼の妻ヘンリエッタによって創立された。ホール建設の目的は、社会のリーダーの養成だった。「有望な人物をイースト・エンドに住まわせて、ボランティア活動を通して貧困と直面させ、実践的な問題解決策を生み出す機会を与えること」を目指した。活動の対象はイースト・エンドに限定することなく、解決策を英国各地で貧困解決のために普及させる展望も持っていた。

この思想・目的は、二一世紀の今日でも「トインビー・ホール」で変遷していない。その理由は、「経済・社会・人口構成の新たな傾向・潮流によって、英国は再び新たな貧困の危機に直面している。そして、過去に確立した貧困解決策では対応できなくなっている」からである。

スラム街へ入った若者と知識人

トインビー・ホールでは、当初、オックスフォード大学関係者と学生が活動を始めたが、その後、多彩な若者・学者・文化人・政治家・芸術家が、「ボランティア」「後援者」「来訪者」としてかかわっている。そのような人物の中には、日本でも知られている著名人がいる。

無線通信の発明で知られ、後にノーベル物理学賞を受賞したイタリアのマルコーニも初期の無線実験をホールで公開している。インド独立運動の主導者ガンジーもホールで講演を行なっている。近代オリンピックの創立者ピエール・ド・クーベルタンは、ホールの活動や英国の教育を調査し、教育上のインスピレーションを得ている。ロシアのレーニンもこのホールで行なわれたディベートに参加している。

トインビー・ホールに出入りしたこのような多彩な人々の中で、ロンドン・英国を越えて世界の人々の今日の生活にまで影響を及ぼすことになったのが、ウィリアム・ベバリッジ（一八七九～一九六三年）だった。

ベバリッジは、オックスフォード大学卒業後の一九〇三年に、二四歳でトインビー・ホールに住むことになる。彼の念頭には、「貧困の原因の解明とその解決策の探求」があった。バーネット夫妻は、彼に、失業者救済目的のチャリティーの責任を持たせることにした。

ベバリッジが最初に気づいたのは、あまりにも多くの人々が不安定な収入で生きている現実だった。彼らは、友人・家族・質屋・労働組合・金貸しに依存してやり繰りしていた。しかし、もはや社会の互助・援助機能が限界にきている事実にも気づいた。また、「貧困法」に基づく救済措置や雇用創出事業もあったが、実質的に機能していなかった。その原因は、救済に関する諸規則と失業者が置かれている現状とが噛み合わなくなっていたのである。

この体験に基づいて、彼は、「高齢者年金制度」「無料学校給食制度」などの完備を説き、中央政府が「職業安定局」を創出するようキャンペーンを張る。

ベバリッジは、活動を通して失業者救済の権威となり、中央官庁に招聘されてトインビー・ホールを去った。彼は職業安定局の最高責任者となり、「国民保険法」の成立(一九一一年)に多大な貢献をする。その後、彼はさらに社会問題と取り組むために活躍の場を学界へ移し、「ロンドン・スクール・オブ・エコノミックス」の学長、オックスフォード大学の「ユニバーシティ・カレッジ」のマスター(カレッジ長)を歴任した。

英国の社会保障制度は、一九四二年に発行された「ベバリッジ報告書」を青写真として確立されたものである。その報告書を執筆したのが、ウィリアム・ベバリッジで、それを法制化し一九四八年七月から実施に移したのが、クレメント・アトリー首相である。彼も二〇代後半からトインビー・ホールにかかわっていた。首相にちなんで、トインビー・ホールの建物の一つの名前が、「アトリー・ハウス」となっている。

世界初の「セツルメント」が時代の変遷に対応し、「無料法律相談」「借金問題解決支援」「高齢者生活支援」「学童育成支援」「癌患者支援」「売春からの解放」などの分野で、二一世紀においても活発な活動を展開している。冬の寒い日に、白樺や雑木の中庭を通って古いレンガ造りの建物群のトインビー・ホールへ笑顔で入っていく若者を見ると、私は、ロンドンの社会改革の歴史とダイナミズムを感じ、社会改善の可能性を信じるようになる。

婦人参政権と「ホロウェイ監獄」

国会議事堂敷地の南端の河畔に「ビクトリア・タワー・ガーデンズ」が隣接している。公園の大きさは、議事堂関係の敷地と同じくらいで、ロンドンの公園としては小さいものである。国会訪問者用入口そばのクロムウェル像から南へ三分ほど歩くと左手に公園の入口がある。この入口のすぐ内側に、議事堂を右背景にして気品ある女性のブロンズ像が建っている。

石柱の上に建つ像は、英国の「婦人参政権」活動家として知られるエメリン・パンクハースト（一八五八〜一九二八年）を顕彰するものである。

女性の投票権を要求する運動グループは、英国では一九世紀後半からいくつか存在した。しかし、

婦人参政権論者エメリン・パンクハースト像

パンクハースト夫人と彼女の娘二人が中心となって、一九〇三年に創立した「婦人社会政治連合」(Women's Social and Political Union) は、その過激な闘争で歴史に残る。

エメリン・パンクハーストはマンチェスター出身である。法律家・政治家であったリチャード・パンクハーストと結婚し、長女のクリスタルベルと次女のシルビアとともに、婦人社会政治連合を立ち上げて、一九〇六年には、ロンドンで活発な活動を展開するようになる。

婦人社会政治連合のメンバーが過激な行動に走ったのは、彼女たちの声に社会が耳を貸そうとしないからだと、当時のメンバーは正当化を試みている。新聞報道になるような「事件」を起こせば、婦人参政権論者の存在と主張が社会で知られると考えたのである。つまり、彼女たちにとっては、事件を起こすのは、投票権問題を提起する上での戦術だった。組織のモットーは、「Deeds Not Words」(言葉ではなく行動)だった。

違法行為を含むこの闘争戦術に反対し、組織から去る女性も多く出てくる。しかし、メンバーは、首相官邸や政治集会場への投石、官庁などの公共施設や民間会社の窓ガラス破壊、ポスト内の郵便物の損傷、大英博物館などの展示物破壊、スポーツ（クリケット・ゴルフ・サッカー）施設・教会・婦人参政権反対大物宅への放火などを繰り返す。政治家への暴行も試みられ、一九〇九年には、当時商務大臣だったチャーチルに殴りかかる傷害事件も起こす。音楽演奏会場でカーテンに放火し、手製の小型爆発物を炸裂させる事件も起こした。

一九一三年には、「ダービー」（競馬）で、現在のエリザベス二世の祖父・ジョージ五世所有の出走馬も巻き添えに遭う。運動の主要メンバーであったエミリー・デービソンが、疾走中の国王の馬の手綱に、「女性参政権」と印字されたキャンペーン・スカーフをつけようとコースに飛び入り、国王の馬に撥ねられて頭蓋骨骨折で四日後に亡くなっている。

婦人社会政治連合のメンバーは次から次と逮捕され、「ホロウェイ監獄」（キングス・クロス駅の北方約二・五キロメートル）に投獄された。獄中で彼女たちが新たに生み出した効果ある作戦が、「ハンスト」であった。獄中で死亡すれば報道されると期待したのである。この抵抗に対して、監獄側は看守が数人がかりで囚人の身体を押さえつけ、口から管を入れて胃袋に流動食を流し込む方策を採る。精神的にも肉体的にも「拷問」に類する行為だった。

政治囚に対するこの「拷問」に近い行為は激しい批判を浴び、政府は新しい法律を作って対抗した。悪名高い、通称「猫とネズミ法」である。ハンストを行なう囚人が衰弱して死亡の危険が迫ると釈放し、獄外で静養させてある程度まで健康が回復すると再び収監する制度である。婦人社会政治連合は、大きな猫が小さな女性を銜えている風刺画で、この法律とそれを議会で通した自由党を批判している。後年、ノーベル賞を受賞することになる哲学者のバートランド・ラッセルは、この法律は基本的人権を蹂躙するものと批判し、自由党を脱党している。

パンクハースト夫人が何回逮捕され、何回ホロウェイ監獄に収監されたかは正確にはわからないが、「一年間に一二回逮捕される」「一八カ月間に一〇回のハンストを実行」などの記録が残っている。

婦人社会政治連合の活動の映像は、ミュージアム・オブ・ロンドン（地下鉄 Barbican 駅または St Paul's 駅）で観ることができる。トラファルガー広場で大きなライオン像を背景に演説しているパンクハースト夫人やファッショナブルなドレスを着てたすきをかけて行進中のメンバーたち、警官に逮捕されるメンバー、一日に一時間許されてホロウェイ監獄の中庭を歩いているメンバーなど、一〇〇年前の女性運動家の姿が活写されている。

VIII

二つの世界大戦

2012 年に建立された「英国空軍爆撃部隊」メモリアル

第一次世界大戦

ロンドンを歩いていて、第一次世界大戦の物理的な「傷跡」を目にすることはめったにない。ロンドンに限らず、全国の市町村の公園・広場・教会・街角には、「ウォー・メモリアル」(戦争記念碑)が建ち、戦争名とその期間が刻まれている。村にある小さな記念碑には、その村の出身者で命を落とした兵士の名前が刻まれているものもある。

第一次世界大戦の傷跡は、出兵を余儀なくされた多くの家庭の「家族史」の中に、理不尽な無意味だった帝国戦争が落とした影、心の傷として残っている。

第一次世界大戦(一九一四年七月〜一八年一一月)には、世界でおよそ七〇〇〇万人の兵士が動員され、九〇〇万人以上の兵士が戦死している。民間人を含めると死者総数は一六〇〇万人、負傷者は二〇〇〇万人に上った。英国(植民地を除く)は、約八九万人の軍人と二〇〇〇人の民間人死者を出し、約一六六万人の戦傷兵を出す結果となった。

戦争の勃発は、一九一四年六月二八日、オーストリアの皇太子が、属領のサラエボを公式旅行中にセルビアの民族主義者によって暗殺されたのがきっかけとなった。七月二八日にオーストリアがセルビアに宣戦すると、セルビアを保護下に置いていたロシアがセルビアに味方して軍隊を派遣した。対して、オーストリアと同盟を結んでいたドイツは、八月一日にロシアに、その同盟国のフランスに同月三日に宣戦布告した。さらに八月四日には、ドイツ軍が中立国ベルギーへ侵入した。すると、英国は、一八三九年締結の「ロンドン条約」に基づいて、ベルギーの独立・中立を維持するためドイツに宣戦布告した。「ロンドン条約」は、ベルギーのオランダからの独立と中立維持を列強の間で確認・保障し、英国・プロイセン（ドイツ）・オーストリア・ロシアを含めて署名していた。

ここに、「英国・フランス・ロシアの三国協商」（連合国）と、「ドイツ・オーストリア・イタリアの三国同盟」が全面衝突する大戦が開始した。さらに、連合国と同盟国の双方の国々が、世界各地の国々と外交・軍事関係を結んでいたため、参戦国は、ヨーロッパ各国に限らず、アジア・中近東・アフリカ・オセアニア・南北アメリカ大陸の国々を含んだ。日本は、一九〇二年に「日英同盟」を結び、同盟関係を維持していたので連合国側であった。

戦争は後年、「Great War」（大戦争）と呼ばれるように規模においても、あるいは、「Total War」（総力戦・全面戦争）と表現されるように、兵士・軍部のみの戦争ではなく国民のすべてを駆り出す最初の戦争となった。武器も潜水艦・戦闘機・爆撃機・飛行船・戦車・毒ガスなどを含み、科学技術を反映した殺戮戦となった。

大戦前には、列国が軍拡競争を行なっていた。特にドイツは英国の海軍力と競争していた。また、帝国主義国はバルカン半島で勢力を拡大する機会を狙っていた。このため、バルカン半島は「ヨーロッパの火薬庫」と呼ばれていた。オーストリアの皇太子暗殺は、この火薬庫の導火線に点火する形となった。しかし、それに端を発する列国の派兵が世界の大戦に発展するのを予期していた者はいなかったと、当時の歴史は振り返られる。

また、英国がドイツに宣戦布告し、一六万人の兵士を八月にヨーロッパ大陸へ急遽派兵した当時の政界・社会の雰囲気は、驚くほど楽観的だった。「遅くともクリスマスまでには終戦し、帰国」が一般的な状況判断だった。国民の雰囲気を「ちょっとドイツを懲らしめてやる」「久しぶりの面白い出来事」などと表現する記録さえある。

大戦期間中に、英国への空爆も行なわれたが、戦闘機・爆撃機の発達が初期で、空爆は飛行船（水素・ヘリウムなどを充填した気球にエンジンをつけた飛行体）による爆弾投下が主だった。英国全土で五一回爆撃を受け、五五七人の死者と一三五八人の負傷者を出している。

ロンドンのザ・シティの一部やイースト・エンド地域内の港湾施設も空爆を受けているが、物理的破壊は限られていた。ドイツ皇帝（カイザー）ヴィルヘルム二世は、一九一五年七月のドイツ軍によるロンドン空爆に先立って、英国王室の宮殿などは爆撃しないよう命じている。皇帝は、英国のビクトリア女王の長女を妻にしていた。少年時代には、時折英国を訪れ、祖母のビクトリア女王の家族と親しく過ごしていた。

秘密情報機関創設

テムズ川北岸は、国会議事堂、ビクトリア・タワー・ガーデンズ、テート・ブリテンなど立派な建築物・ガーデンが多い地域だが、観光客には縁の無い建物が一つある。「テムズ・ハウス」だ。この建物は、テート・ブリテンそばの観光船乗り場「ミルバンク・ミレニアム・ピア」から川下を

情報機関ＭＩ５が入る「テムズ・ハウス」（左上）。橋はランベス・ブリッジ。右端はロンドン・アイ（大観覧車）

眺めると、左手の木立より高くそびえていて必ず視野に入ってくる。大きな白色の建物で、屋根には国旗がたなびいている。その背景は、国会議事堂のビクトリア・タワーや時計台のビッグ・ベンだ。右手の背景には、テムズ川南岸の観覧車「ロンドン・アイ」が見える。

テムズ・ハウスは、英国の情報機関「セキュリティー・サービス」の本部である。通称は、「エム・アイ・ファイブ＝ＭＩ５」で「軍情報部第五課」だ。設立は、第一次世界大戦勃発の五年前の一九〇九年だ。当時は、「セキュリティー」（安全保障）ではなく、「シークレット・サービス・ビューロー」（秘密サービス局）が正式名称で、「軍情報部第六課」（エム・アイ・シックス＝ＭＩ６）と一体だった。

「秘密サービス局」のスタッフは、設立当時、海軍指揮官と陸軍将校の二人のみだったが、大戦中に八四四人に増加している。組織はその後大きく肥大

情報機関ＭＩ５が入る「テムズ・ハウス」

し、第五課と第六課は分離したが、第五課のみの現在のスタッフ数は、約三八〇〇人である。日本の「内閣情報調査室」の職員数は「約一七〇名」である（一九九五年四月八日・衆議院安全保障委員会議事録六号）。

「秘密サービス局」設立当初の第一義的目的は、英国内でのドイツ人スパイ活動の検挙であった。創設から大戦中に、六五人のドイツ人が逮捕されている。スパイ活動の検挙をたやすくする手段を講じたのが内務大臣だったウィンストン・チャーチルだった。彼は、「秘密サービス局」の活動を全国の警察に支援させることに「成功」している。また、内務大臣の権限で、スパイ嫌疑者の通信を傍受し、大臣の署名があれば書簡を開封できる制度を確立している。この内務大臣権限は今日でも有効である。

スパイの検挙は、大戦の前半で終わっている。その後の「秘密サービス局」の活動に関する公式説明は、「破壊工作」の阻止だった。今日においては政府自らが事実無根だったと否定しているが、大戦中から「ドイツ人と共産主義者が共謀して、労働争議を煽って政府転覆を狙っている」との噂が広まっていた。その対策のため「秘密サービス局」が必要とされた。

ドイツ人を警戒監視するよう、大戦前から戦中にかけて国民を煽ったのが、最大の発行部数を誇っていた『ザ・デイリー・メール』紙だった。読者に、「レストランではドイツ人給仕の接客を拒否せよ」「給仕がスイス人だと言ったらパスポートを見せろと言え」などと、人種差別と偏見に基づく見解を訴えている。

婦人参政権運動を分断した第一次世界大戦

英国の婦人参政権運動をリードしたパンクハースト夫人のブロンズ像の石柱台座（二〇八ページ参照）には、長女のクリスタルベルのレリーフ（顔の浮き彫り）がついている。しかし、夫人やクリスタルベル以上の参政権獲得・社会政治活動を行なった次女のシルビアのレリーフや名前はない。彼女たちの運動が分裂したのだ。

クリスタルベル・パンクハーストのレリーフ

命を懸けた女性たちの闘争に大きな転換期が訪れる。一九一四年の第一次世界大戦の勃発である。英国が参戦すると、パンクハースト夫人は政府と交渉し、収監中の運動員の釈放と引き換えに、参政権運動を中止して戦争の後方

女性参政権獲得のためにたたかった無名の女性たちを称えた記念碑

支援を行なう取り引きをしたのである。ここに、婦人社会政治連合の運動が終息するのみでなく、彼女たちは戦争を支持する勢力に変質していく。

夫人は、政府の資金で戦争支援活動を展開した。「国王のため・国のため・自由のため」「男はたたかわなければならない。女は働かなければならない」と訴え、街頭で兵士のリクルート活動も活発に行なった。また、労働組合と交渉して男の職場を女性にも解放させた。さらには、彼女は一七年に「女性党」を結成し、終戦後の二五年には保守党に入党する。

一方、第一次世界大戦が勃発しても、シルビアは参政権運動を止めなかったのみでなく、後述のごとく、反戦運動を展開した。大戦の勃発が女性活動家たちを大きく分断したのである。

終戦の年の一九一八年、三〇歳以上の女性で一定の財産を持つ者には投票権が与えられた。二八年には投票権を男女同等にする法案が国会へ提出された。審議を通り法律となったのは、同年七

エミリー・デービソンの100周忌集会。最前列左端がヘレン・パンクハースト博士

月二日である。パンクハースト夫人はその前月、六月一四日に亡くなった。

パンクハースト像以外にも女性の権利闘争を考えさせる場所がある。「ニュー・スコットランド・ヤード」（ロンドン警視庁本部）の道路を挟んで北側にある「クライストチャーチ・ガーデンズ」（地下鉄St. James's Park駅）内に、暴力やさまざまな迫害に耐え、参政権獲得のためにたたかった無名の女性たちを称えた記念碑が建っている。

また、二〇一三年六月には、運動で命を落としたエミリー・デービソンの一〇〇周忌を記念する集会が、大英博物館北隣の公園（ラッセル・スクエア）で行なわれた。当時の衣装姿の女性が「DEEDS NOT WORDS」（言葉ではなく行動）のたすきをかけ、横断幕を掲げて行進したが、その中には、ヘレン・パンクハースト博士の姿もあった。彼女は、シルビアの孫娘（パンクハースト夫人の曾孫）だ。彼女は、世界八六カ国で貧困撲滅と救済、社会正義実現のためにたたかっている組織（CARE）の「キャンペーン大使」として活躍している。

良心的兵役拒否

大英博物館がある「ブルームズベリー地区」は文教地区で、ロンドン大学を構成するカレッジや大小の広場があり、チャールズ・ディケンズやサマセット・モームを含む作家や文化人が住んでいた地域である。また、第一次世界大戦の開戦の数年前から一九三〇年ころまで、この地区とケンブリッジの両方で活動を恒常的に行なっていた知識人・芸術家がいたが、彼らは「ブルームズベリー・グループ」と呼ばれていた。グループには、哲学者のバートランド・ラッセル、経済学者のケインズ、女流作家のバージニア・ウルフが含まれていた。

この地域には、第一次世界大戦に反対し、良心に基づいて兵役（徴兵）を拒否した人々を顕彰するブロンズ像と石碑がある。

大英博物館の東へ六分ほど歩くと小さな公園の「レッド・ライオン・スクエア・ガーデンズ」がある。ここに、左手に書類を抱え右手を空へ挙げている細身の男性像がある。像は、フェナー・ブロックウェイ（Fenner Brockway　一八八八〜一九八八年）を顕彰するものである。

ブロックウェイは、労働党の新聞の編集を行ないながら、第一次世界大戦の長期化で徴兵制度導入の兆しが出ると、「良心的兵役拒否」の思想に基づいて導入反対運動を展開した。新聞記事や

バートランド・ラッセルの胸像

フェナー・ブロックウェイの立像

演劇活動で徴兵制と軍備拡大に反対し、繰り返し投獄された。一九一六年の徴兵制導入後も反対活動を継続し、「扇動」「治安妨害」などの理由で終戦後の一九年まで収監されていた。後年、労働党国会議員になり、九〇歳で「世界軍縮キャンペーン」を共同創立している。

この公園にあるもう一つのブロンズ像は、胸像で、哲学者・数学家・平和運動家のバートランド・ラッセル（Bertrand Russell 一八七二〜一九七〇年）を顕彰するものだ。ラッセルも良心的兵役拒否運動に参画し、そのためケンブリッジ大学の職を失い、発表論文が原因で六カ月間投獄された。彼は後年、ノーベル文学賞を受賞している。

徴兵制度の立法時に、「Conscientious Objection」（良心的兵役拒否）に関する規定も設けられた。

兵役拒否を認められた英国民は約一万六五〇〇人いたが、彼らの多くは、陸軍の非戦闘業務（医務など）、または後方支援業務（農作業など）に従事することによって戦闘参加を免除された。「代替業務も戦争協力」と考え、一切を拒否した約一五〇〇人は、終戦まで投獄された。

良心的兵役拒否をした人々を記念する石碑が、大英博物館の北東へ徒歩で五分ほどの位置にある「タビストック・スクエア・ガーデンズ」内にある。この広場には、インドの英国からの独立運動を平和主義に基づいて達成したガンジーの坐像もあり、「広島の桜」も植えられている。「良心的兵

タビストック・スクエア・ガーデンズ内の「良心的兵役拒否者の碑」

タビストック・スクエア・ガーデンズ内のガンジーの坐像

役拒否者の碑」の上に、「広島の桜」の木陰が投影されているのを見ると、平和について自然と考えさせられる。

良心的兵役拒否思想と実践を世界各地で今日広めようとする人々は、この広場で平和集会や式典を行なう。彼らは、「殺すことを拒否する権利を人間は持っている」と考える。また、良心的兵役拒否は「個人の権利」を超えて「世界の責任」として考えるべき問題だと主張する人々もいる。

第一次世界大戦とシルビア・パンクハースト

シルビア・パンクハースト（一八八二〜一九六〇年）は、婦人参政権論者・反戦運動家で、ロシアの革命家レーニンに「共産主義左派」と批判された政治活動家でもあった。

シルビアは、画才に恵まれロンドンの「ロイヤル・カレッジ・オブ・アート」（王立芸術大学）で学ぶが、同時に、母親と姉のクリスタルベルとともに婦人参政権運動に力を入れる。

シルビア・パンクハースト。28歳ころ
（出典／Wikimedia Commons）

シルビアは、「婦人参政権運動家の中でもっとも多く逮捕・投獄された女性」と表現される。しかし、シルビアは「中流・上流階級の婦人参政権の獲得」のみを目指す母親たちの運動に疑問を抱いた。当時の婦人運動家の視野には、「労働者階級の女性」や「労働者階級の男性で投票権がない者」は

マザーズ・アームズがあった場所を示す案内板

入っていなかった。

そのような状況下で、シルビアの運動は、「労働者階級の女性を含む女性の参政権獲得」へと発展する。そして、そこから性別・参政権を超えて「労働者階級救済」へと発展する。さらには、あらゆる平等と真の民主主義を目指し、社会主義革命を志向するようになる。

シルビアは、第一次世界大戦が始まると反戦運動・婦人救済運動に入った。彼女の活動拠点は、イースト・エンド地区だった。若い女工が歴史的なストライキに入ったマッチ会社「ブライアント・アンド・メイ社」やトインビー・ホールがある一帯である。これらの北側にあるビクトリア・パークで集会を行なって、そこから国会までデモ行進も何回となく行なっている。二一世紀になっても、彼女を「私たちのシルビア」と語る人々がいるが、それには理由がある。

ビクトリア・パークの南に「テイト・コート」と呼ばれる六階建てのアパート群がある。この場所で、第一次世界大戦が始まった翌年に、シルビアと彼女が率いる婦人参政権運動家が「託児所兼医療クリニック」を開設している。クリニックに改修したのは、鉄砲製造工場近くの「ガンメーカーズ・アームズ」という名前のパブだった。それをクリニックに改修し、名称を「マザーズ・

オックスフォード・ストリートのデパートのセルフリッジズ

アームズ」（母親たちの腕）にした。ここでは、幼児の診療のみでなくミルクの配給も手がけた。

クリニックに加えて、シルビアは、一九一四年からイースト・エンド地区に住居と新聞発行事務所を構えた。新聞名は、『女性のドレッドノート』だった。「ドレッドノート」は英国海軍の大型戦艦名である。紙名は、一七年に、『労働者のドレッドノート』に改名している。

新聞発行と同時に、シルビアは、戦争に夫を取られて収入が途絶えた貧困家庭を支援する活動を行なっている。まず、住居のあったオールド・フォード・ロード近辺を対象に、格安の大衆食堂を開いた。続いて、女性に収入をもたらす企画を打ち出した。五九人の女性を雇用し、おもちゃやブーツを作る工房を建て、製品はオックスフォード・ストリートの一流デパートのセルフリッジズ（Selfridges）へ卸した。セルフリッジズは英国でハロッズに次ぐ大手だ。

ロンドンの労働者の国際連帯

イースト・エンド地区のドックランズと呼ばれるテムズ川の港湾地帯には、金融街のカナリー・ウォーフ（後述）や、海外から大型ヨットで休暇に訪れる人々の停泊基地が開発されている。ロンドンの豊かさの一面をビジュアルに感じる場所だ。しかし、この一帯は長年港湾労働者が貧しい生活を強いられていた地域である。

ドックの一つで、「貧者の最初の国際連帯行動」と評価される小さな事件が起きている。

一九一七年にロシア革命が起きると、革命の波及を恐れた英国とフランス政府は、ロシアの反革命軍（白軍）を支援しロシアに対する干渉戦争を仕掛けた。米国も派兵を決定し、日英同盟を結んでいた日本は、一八年には兵力七万三〇〇〇人をシベリアに出兵している。

英国は、干渉戦争の一環で武器輸出も行ない、積出港の一つがロンドンだった。しかし、一九二〇年五月一〇日、イースト・エンドの港湾でロシア反革命勢力向けの武器・弾薬の輸出が阻止されたのだ。その日、ジョリー・ジョージ号は、ポーランド経由でロシアへ輸出される船荷の荷積み作業を開始した。しかし、船荷が武器・弾薬であることに気づいた港湾労働者は荷積み作業を拒否し、輸出は不可能となった。

この出来事の背景には、「資本家階級と帝国主義者に加担して異国の内政に干渉するな」「労働者が労働者を弾圧するのは避けろ」と訴える、シルビア・パンクハーストや社会主義者・労働者の

「ロシアに手を出すな!」キャンペーンがあった。港湾労働者の多くが低賃金の日雇いだった。この武器船積み拒否事件は、貧困にあえぐロンドンの労働者が、自分の日当よりも見知らぬ国の人民との国際連帯を大切にした、英国でも限られた出来事の一つといわれる。

労働者の国際連帯行動は、二つの世界大戦間に活発化した。

一九二〇年六月、「共産党第三インターナショナル英国支部」が創立された。主導者はシルビア・パンクハーストで、党員は、約四〇〇〇人だった。ロシア革命を遂行したレーニンの指導の下で創立された世界各国の共産党国際組織と直結したのである。

しかし、シルビアとレーニンは闘争戦術で意見が一致しなかった。彼女は、一九二〇年七月には、レーニンと論争するためロシアへ密航した。「密航」になったのは、彼女のパスポートは没収されていたからだった。また、彼女は「MI5」の監視下にあった。モスクワで両人は喧嘩別れはしなかったが、レーニンが必要と考える議会闘争に関して意見は一致しなかった。

同年一〇月、シルビアは再び逮捕される。嫌疑は、機関紙『労働者のドレッドノート』で、英国の軍隊に反乱を扇動する記事を二回掲載した、というものだった。この事件で翌年五月まで六カ月間投獄される。

シルビアが入獄中の一二月、後述のように、「グレート・ブリテン共産党」が創立された。第三インターナショナル英国支部は、グレート・ブリテン共産党に合流する決定を行なった。共産党は、社会に大きな影響力を持っていた『労働者のドレッドノート』を党機関紙にしたかったが、シルビアは拒否する。その結果、彼女は党から除名されることになった。

「セノタフ」＝空《から》の墓

首相官邸のあるダウニング・ストリートの南側に隣接する石造りの威厳のある建物群は、日本の外務省に相当する「外務・英連邦省」である。建物群の東側は、ホワイトホールの大通りに面しているが、その通りの中央分離帯のような位置に、「セノタフ」(Cenotaph)が建立されている。高さ一〇・五メートルの石造りの戦争記念碑である。

「セノタフ」は、ギリシャ語で、「空の（＝からの）墓」を意味する。記念碑には、「THE GLORIOUS DEAD」（栄光ある死者）と刻まれているが、記念碑の中は、文字通り「から」である。

「セノタフ」は、全国民的な戦没者追悼式典を行なう場所である。英国には日本の靖国神社や千鳥ヶ淵の戦没者墓苑に相当する場所はない。ウェストミンスター寺院には、第一次世界大戦の「無名戦士の墓」があり、無作為に選ばれた亡骸一体が無名戦士全員を代表して埋葬されているが、式典の会場にはならない。また、全国各地に特定の戦争・戦闘・戦災を記念・追悼する石碑は存在する。しかし、全国民レベルの式典を行なう「中央会場」は「セノタフ」で、ホワイトホールの交通を遮断して臨時の屋外式場が毎年設営される。

「セノタフ」には遺骨が入っていないのみでなく、「神霊」「英霊」などが祀られているわけでもない。出征前の兵士同士が「セノタフで会おう」などと戦死後を語ることは考えられない。英国に

ホワイトホールのセノタフと赤いポピーの献花（造花）

は、「戦死者を神として祀る」思想は存在しない。また、死者の魂を招く「招魂」思想は一般社会にはない。「セノタフ」が出征兵士の士気高揚に使われた史実は存在しない。

戦没者の追悼は、第一次世界大戦の休戦協定が締結された「一一月一一日午前一一時」に、二分間の黙祷で毎年全国一斉に行なわれる。空港やスーパーでも黙祷が行なわれる。これに加えて、一一月一一日に一番近い日曜日に式典が挙行される。最初に行なわれたのは終戦翌年で、仮設の「セノタフ」だったが、二〇年以降は恒久の石造りにした現在の「セノタフ」で挙行される。

追悼の対象は、英国と、かつて大英帝国に属しその後独立したオーストラリア・インドなどの英連邦諸国の戦没者である。当初は、第一次世界大戦の戦没者のみが対象だったが、それ以降のすべての戦争の戦没者が対象となっている。「戦没者」には、兵士以外に、警察官・消防士や重要な救急や輸送業務に従事していた市民ボランティアで戦死した者も含むが、一般戦災死没者は含まない。

式典の主催は英国政府で、主管は、外務・英連邦省や内務省などだったが、近年は、文化・メディア・スポーツ省である。

式典の主要参加者は、女王・王室メンバー・首相・主要野党代表・議会代表・ロンドン市長・歴代首相・英連邦諸国代表・陸海空三軍の幹部・イングランド国教会とイスラムやそのほかの主要宗教界代表・警察と消防の代表などである。

式典は、一一時を告げるビッグ・ベンの鐘の音と空砲発砲で二分間の黙祷に入る。その間に参列者は、二つの世界大戦で偉大な犠牲を捧げた者と、そのほかの紛争で戦役に命を捧げた者を追憶する。同時に、遺族と戦中の受難者のために祈り、将来の平和のために祈る。二分後に空砲とラッパによって黙祷が終了し、続いて、赤いポピー（ケシ）を模した造花の花輪を「セノタフ」へ女王が献花する。それに続いて首相などの参列者がポピーの献花を順次行なう。献花の後、イングランド国教会ロンドン主教の司会で短い礼拝があり、国歌斉唱で式典は終了する。それに続いて、退役軍人や広範な式典関係者の大行進が始まる。

式典の詳細をＢＢＣが一九四七年に最初の録画放映、その後毎年ライブ放映している。

赤いポピーのファシズム

ロンドンに限らず英国各地の戦争関連記念碑に、赤いポピーの造花が献花されるようになったのは、第一次世界大戦後である。激戦地となって多数の死者を出したフランダース地方（ベルギー北部）などで、戦闘後に真っ赤なポピーが海となって咲いたのが由来である。

四年三カ月間の大戦争で二五〇〇万人以上の死傷者を出した英国は、帰還戦傷兵・未亡人・戦災孤児等であふれた。このような状況下で、戦没者を忘れないで追憶する国民的運動が起きた。

毎年一〇月末ころから終戦記念日まで、赤いポピーの造花を一輪胸につけるキャンペーンが行なわれる。一九二一年から始まったが、近年、「赤いポピーのキャンペーン」が徹底し過ぎているきらいがある。テレビ出演者の圧倒的大多数が身につける。つけるのが「当然」で、つけないのは「政治的意思表示」との雰囲気が生まれる。さらには、職場によってはつけないと「極端な左派」「非愛国的な人物」のように受け止められる。

このような状況下で、「ポピー・ファシズム」という言葉も生まれた。過去の戦争を冷静に振返ることなく、国民の感情のみに訴え、ポピーをつけない自由などあたかも存在しないかのような全体主義的な雰囲気が生まれているからだ。また、運動が初期の自然なものから変遷し、英国が遂行するすべての戦争を正当化・美化する風潮を醸し出しているからである。

一九三三年には、反戦の立場に立ち、敵味方なく戦争中に亡くなったすべての人々に思いを馳せる「ホワイト・ポピー運動」が始まった。その四年後には、白いポピーをつけて一一月一一日の追悼を行なう集会が、ロンドンのリージェント・パークを会場として行なわれた。軍事色の一切ない式典で、「セノタフ」での式典に疑問を投げかける企画だった。しかし、社会の中には反発もあり、白いポピーを職場でつけて解雇になった女性も出ている。

国会議事堂横を通過中のテムズ川遊覧船

「白いポピー運動」は、今日、ロンドンに本部を置く「ピース・プレッジ・ユニオン」(一九三四年設立の反戦平和団体)に引き継がれている。団体は、世界の良心的兵役拒否運動を支持し、核兵器廃絶や武器輸出禁止運動にも参画している。

この団体は、毎年一一月一一日近くの日曜日に、タビストック・スクエア・ガーデンズの「良心的兵役拒否者の碑」に白いポピーを捧げて、反戦を誓い平和を祈っている。

ジェームズ・ボンドの虚像と実像

テムズ川遊覧船に乗って川上へ進むと、ビッグ・ベンと国会議事堂が右手に見えてくる。そこを過ぎて橋の下を通り過ぎると、右手に情報機関「セキュリティー・サービス」(MI5)の本部が入る「テムズ・ハウス」がある。その次の橋(ボックソール・ブリッジ)の左側手前に、「レゴランド」と呼ばれる建物が

英国秘密情報部（ＭＩ６）本部

ある。黄白色の石材と緑色のガラスが壁面を構成しているが、大きな直方体の「レゴ」のブロックを積み上げたような構造だ。

この建物は、軍情報部第六課（エム・アイ・シックス＝ＭＩ６）の本部だ。正式な組織名は「シークレット・インテリジェンス・サービス」（秘密情報部）で、外務・英連邦省の管轄下にあり、主に海外での秘密情報収集と情報工作を任務としている。

映画の「ジェームズ・ボンド」シリーズに「ＭＩ６本部」として映し出される建物だ。一九九九年の「００７　ザ・ワールド・イズ・ノット・イナフ」（世界を手に入れても十分でないの意味）で、本部が攻撃を受け、ボンドがテムズ川をボートで逃れる敵の女性を高速艇で追跡する場面がある。そのルートは遊覧船の（下り）ルートと同じである。二〇〇〇年には、本部が実際にロシア製の対戦車砲で攻撃を受けている。北アイルランドの過激派の仕業と推測された。ボンドは架空の人物だが、MI6は実在する。

ジェームズ・ボンドのような秘密情報部員が実際に行なう活動内容はほとんど公にされない。しかし、秘密情報部員の違法行為が明らかになったケースもある。

一九二四年の総選挙の四日前に、当時最大の発行部数を誇っていた『ザ・デイリー・メール』紙が、「コミンテルン（第三インターナショナル＝共産主義政党の国際組織）の主導者が、グレート・ブリテン共産党へ送った手紙」を公表した。手紙の内容は、「英国で市民戦争を起こすために、国民を扇動・騒乱させるよう共産党同志に指令した」ものだった。その選挙で労働党は多くの議席を失って保守党に政権を譲っている。後年になって英国の調査委員会が明らかにしたのだが、新聞掲載の手紙はMI6の秘密情報部員二人などによって捏造されたものだった。MI6が組織的に捏造に関与したか否かは立証されていない。

MI6やMI5の秘密情報機関が社会主義者・共産主義者・労働組合活動家の監視・敵視を強化し出したのは第一次世界大戦中からであるが、大戦が終わるとロンドンの政界が多彩を帯びてくる。

一九一八年一二月の総選挙で、コンスタンス・マルキエビッチ（Constance Markievicz）伯爵夫人が英国で最初の女性国会議員として選出される。しかし、アイルランドのシン・フェイン党所属だった彼女はウェストミンスター議会へ登院しなかった。夫人には登院に必要となる国王への忠誠宣言を行なう意思はなかった。登院しないのは、英国のアイルランド統治政策への抗議の意思表示でもあった。選挙前には、彼女は、アイルランド独立を目指した武装蜂起で検挙され死刑を宣告された。しかし、恩赦で出獄していた。当選後登院しなかったため「最初の女性国会議員」を別人とする見方もある。

コンスタンスは、アイルランドに大きな領地を持つ富豪の娘としてロンドンで生まれ、スレード美術学校（現ユニバーシティ・カレッジ・ロンドン）とパリで美術を学んだ。パリでポーランドのマルキエビッチ伯爵と結婚しアイルランドへ渡ったが、そこで貧農の歴史に触れ、革命家・女性参政権論者となっていく。彼女は、一九一九年から二一年にかけてアイルランドの労働大臣を務めた。ヨーロッパで最初の女性大臣だった。（アイルランドは、一九世紀初頭から英国に併合されていたが、一九一九〜二一年の武力闘争を経て独立した。しかし、英国本土からの移住者が多く、プロテスタントが多数派を占める北アイルランドは、多数派住民の意思で英国に留まり今日に至っている。しかし、北アイルランドもアイルランドに帰属すべきと主張するカトリック教徒も多く、中には過激な武力行使を行なうグループがまだ存在している。）

一九二〇年には、「グレート・ブリテン共産党」創立大会が開かれている。会場は、サザーク・ブリッジ北端のキャノン・ストリート駅前のキャノン・ストリート・ホテルだった。ホテルは第二次世界大戦中に爆撃を受けて破壊され、現在は駅に隣接するオフィス・ビルが建っている。結党二年後の二二年の総選挙で、インド出身の富豪シャプルジ・サクラトワーラー（Shapurji Saklatvala）が、英国初の共産党国会議員になっている。

この時代から共産主義者・労働運動家などへの情報機関の監視・抑圧が強まっていく。共産党の本部（キング・ストリート一六番地）には、MI5が盗聴器を設置していた。この建物は現在、HSBC（香港上海銀行）の支店になっている。MI5は、放送局BBC（日本のNHK相当）のスタッフ採用過程で応募者の身元調査を行なったり、国家公務員の思想調査も行なっている。

「グレート・ブリテン共産党」は、ソビエト連邦の崩壊直後に実質上、解党した。共産党関係でMI5が作成したファイル（情報記録簿）は、二五万点に上っている。

ロンドンとファシズム

ロンドン塔から東へ走る道路の一つは、タワー・ハムレッツ地区の移民の多い地区へ入ると、ケーブル・ストリート（Cable Street）になる。その通りに、現在は貸事務所として使用されている「セント・ジョージーズ・タウン・ホール」があり、その建物の側面に壁画が保存されている。この通りで、デモ行進を試みたファシスト団体とそれを阻止した住民との衝突を描いたものだ。

一九三六年一〇月四日（日曜日）に、ロンドンで活発化したファシスト三〇〇〇人近くが、イタリアのファシストの黒シャツ姿でケーブル・ストリートでデモ行進を試みた。この場所には当時も現在もユダヤ人移民が多く住んでいる。このデモ隊の行進を一万人に近い警官隊が護衛しデモを地域内へ入れさせようとした。これに対抗し、ユダヤ人・アイルランド人・社会主義者・共産主義者・労働者がバリケードを張った。その人数は、二五万人に上った（参加人数は、二〇〇八年五月一五日のBBC報道記事による）。

ケーブル・ストリートの壁画

予定されていたデモ行進の禁止を求める一〇万人の署名が提出されたが、警察当局は禁止措置を採らず「安全な行進の確保」を目的として護衛を試みた。ファシストは反ユダヤ主義であるが、反共産主義でもあったので、警察はデモ行進を禁止しなかったとの説がある。

ファシスト行進に抵抗した二五万人には、ロンドン各地から支援に駆けつけた労働者や市民が含まれていた。また、ケーブル・ストリートの子どもや主婦まで警官に逆らって物を投げた。

衝突は、警官隊と住民の間が中心となり、ファシスト団体は行進を諦めて自然解散している。警官と住民の間の負傷者は二〇〇人に上り、一五〇人が逮捕された。

ロンドンでも一九二〇年代初頭から三〇年代にかけてファシスト運動が活性化していたが、ファシズムの危険性は二〇年代にはほとんど語られていない。第一次世界大戦中に海軍大臣・軍需大臣として活躍した

エチオピアの「英雄墓地」内のシルビア・パンクハーストの墓（撮影・Lindsay Jefferies）

チャーチルは、二六年には、ムッソリーニの経済政策を称え、二七年にイタリアを訪問してムッソリーニを激賞し、「私がもしイタリア人だったら、レーニン主義の凶暴な欲と情熱に反対するあなた方の意気揚々とした闘争に、私も間違いなく心を込めて加わっていたであろう」と述べている。「ローマの天才」と賞賛・支持し、ファシズムを共産主義に対する「防波堤」「究極の防衛」「解毒剤」と考えていた。

ヨーロッパのファシズムの台頭を英国で最初に察知し、新聞発行を通してたたかったのがシルビア・パンクハーストだった。彼女は、イタリアのボローニアを訪れてファシズムの危険性を見抜き、一九一九年の秋に『労働者のドレッドノート』で二回警鐘を鳴らしている。

彼女は、イタリアのファシストの迫害から逃れてきた人々を自宅に匿っている。また、一九三六年、イタリアのムッソリーニがエチオピアを侵略すると、『ザ・ニュー・タイムズ・アンド・エチオピア・ニューズ』を同棲中のシルビオ・コリオと創刊し、四万部の読者を得て侵略批判・反ファ

第二次世界大戦中の「バトル・オブ・ブリテン」記念レリーフ

シズムの論陣を張った。

彼女は一九五六年に、エチオピアのアジス・アベバへ息子と移住した。エチオピアでは月刊の『エチオピア・オブザーバー』を創刊し、エチオピアとそのほかのアフリカ諸国の独立後の建国・発展支援を訴え、英国の外交政策を批判していく。

シルビアは、一九六〇年九月二七日、七八歳で他界し、エチオピアの国葬に付された。遺体は、アジス・アベバの聖トリニティ大聖堂の「英雄墓地」に埋葬されている。

第二次世界大戦

ウェストミンスター・ブリッジの西端にあるブーディカ女王像から、テムズ川の北岸道路をおよそ二〇〇メートル歩くと、「バトル・オブ・ブリテン」(ブリテンの戦闘)のメモリアルがある。全長二五メートルのレリーフ(浮き彫り)だ。空爆の恐怖をリアル

英国空軍を顕彰するテムズ川河畔の黄金の鷲

に描いている。その先一〇〇メートルの位置には、大きく翼を広げた黄金の鷲の像があるが、これは英国空軍を顕彰するものである。その対岸には、観覧車の「ロンドン・アイ」が見える。

「バトル・オブ・ブリテン」は、一九四〇年の夏から秋にかけて、ロンドンと英国工業都市を爆撃したドイツ空軍と英国空軍の戦闘を指す。同年一〇月末までに一夜を除いて連続七六日爆撃を受けた。爆撃本格化初日となった九月七日には、ドイツ軍の戦闘機約六〇〇機と爆撃機三〇〇機以上がロンドンを空爆し、この一回で四三〇人が死亡、一六〇〇人が重傷を負っている。一〇月末までに英国空軍は一〇二三機、ドイツ軍は一八八七機失っている。

ロンドンの被災地の中心は、イースト・エンド地区のドックランズだが、ザ・シティやウェスト・エンド地区も爆撃された。バッキンガム宮殿も一六回攻撃を受け、礼拝堂や中庭が破壊されている。

ロンドンは、一九四四年六月からはＶ１ロケット（初期の巡航ミサイル）二三四〇基、同年九月からはＶ２ロケット（短距離弾道ミサイル）約一四〇〇基の攻撃を受ける。前者は、ジェット・エンジン推進でドイツ軍が占領したオランダやフランスの西海岸から、後者は、液体燃料ロケット推進で、ドイツ軍占領各地の固定式・移動式発射台からロンドンへ打ち込まれた。大戦時の様子は、ランベス・ブリッジの東方八〇〇メートルに位置する「帝国戦争博物館」で詳しく再現されている。

英国は、軍事同盟を結んでいたポーランドがドイツ軍に侵略されると、一九三九年九月三日に同盟上の義務を履行するためドイツに宣戦布告した。第二次世界大戦期間中に世界でおよそ四〇〇〇万人の非戦闘員を含む六三〇〇万人が死亡したと推定される中で、英国の戦死者は他国との比較においても、第一次世界大戦と比較しても少ない。それでも、三八万人以上の兵士を含む約四五万人が戦死している。

英国では、「ナチスがヨーロッパ全土を侵略統治するのを阻止するために、英国は参戦したのだ」と、大戦を考える人々が多い。チャーチル首相は、ロンドンが九月七日に大爆撃を受けた直後、「彼（ヒトラー）が火を放ったが、熱烈な炎は、ヨーロッパでナチスの暴虐の最後の痕跡が燃え尽きてしまうまで着実に燃え続けるだろう」と怒りと決意を込めて述べている。

「バトル・オブ・ブリテン」のレリーフは、戦闘六五周年の二〇〇五年に建立されたが、顕著な反対意見は出なかった。しかし、二〇一二年にハイド・パークの東に隣接するグリーン・パーク内に、「英国空軍爆撃部隊」のメモリアルが建てられた際には反対意見が出た。

メモリアルは、七人の爆撃機搭乗員が爆撃飛行から帰還し飛行機を降りた様子を表現している。ブロンズ像の高さは二・七メートルで屋根で保護されている。寄付金による建造だ。第二次世界大

パーラメント・スクエア内のチャーチルの立像

英国空軍元帥だったアーサー・ハリスの立像

戦中に英国空軍と空戦に参加したカナダ、ポーランド、チェコスロバキアなどの爆撃機搭乗員で命を落とした五万五五七三人を顕彰・追悼する趣旨で建てられた。

反対意見が出たのは、英国はドイツのドレスデン市やケルン市を一九四五年に無差別に絨毯爆撃した史実があるからである。また、反対意見は、イラク戦争や英国のアフガニスタン軍事介入を批判する人々の中からも出た。エリザベス女王が除幕して一年とたたないうちに、像に「Islam」(イスラム)とペンキのスプレーで落書きがなされている。

しかし、ロンドンの戦争関連メモリアルで、激しい批判をドイツと英国内から受けたのは、大戦中に英国空軍元帥だったアーサー・ハリスの立像である。像は、空軍退役軍人の組織が一九九二年に、ストランド通りにある空軍の教会の前に建立

第二次世界大戦中に地下に造られた臨時内閣執務室への入口（写真中央下）。写真左下の立像は、インドで英国の覇権を確立した軍人ロバート・クライブ（1725 ～ 1774 年）

した。司令官が軍服制帽で少し脚を開いて直立している像である。クィーン・マザー（女王の母親）による除幕式には抗議グループも押し寄せ、その後繰り返し赤いペンキを塗られたり落書きをされている。

第二次世界大戦と切り離せないチャーチルの立像は、国会議事堂隣のパーラメント・スクエアに建っている。場所は、一九五〇年代にチャーチル自らが指定したと伝えられる。寄付金で一九七三年に建てられ、除幕は未亡人が行ない、エリザベス女王が挨拶をしている。

チャーチルが大戦中に指揮した地下の臨時内閣執務室は、パーラメント・スクエアの北に位置する財務省の中にある。執務室は公開され、二〇〇五年には首相没後四〇年を記念して、「チャーチル博物館」が併設された。

IX

福祉国家・世界都市へ

グリニッジ・パークから見た現代都市ロンドン。近景に旧王
立海軍大学。遠景のビル群は金融街のカナリー・ウォーフ

「揺りかごから墓場まで」

第二次世界大戦に勝利をもたらしたチャーチル首相の像は、国会議事堂そばに建立されているが、そのチャーチルを大戦直後の総選挙で敗北に追いやった労働党のクレメント・アトリーの像は、大学のキャンパスの中庭に佇んでいる。像は、アトリーの最初の選挙区だったイースト・エンド地区の図書館の敷地にあったが、二〇一一年にロンドン大学クィーン・メアリーへ移転した。

ナチス・ドイツが降伏し（一九四五年五月七日）、アメリカ軍の空襲が日本の地方都市を襲っていた夏の、七月五日、英国は総選挙の投票日を迎える。一〇年ぶりの総選挙であった。

保守党は一〇年前の総選挙で三八六議席を確保し、一五四議席の労働党に大差をつけていた。ヨーロッパ戦線で勝利をもたらしたチャーチル首相への支持は極めて高かった。

対する労働党のマニフェストには、「国有化計画」「福祉社会政策」「植民地の独立支持」が含まれ、「労働党は社会主義者の政党であり、それを誇りに思う」と思想・政策を明確にしていた。

新聞が選挙結果を大きく左右したと分析される。

投票日当日、発行部数で一、二位を争っていた『ザ・デイリー・ミラー』（The Daily Mirror）紙が、第一面全体を使って巨大な時事諷刺画と短い記事を掲載した。頭部と右腕に包帯を巻いた戦傷兵が、左手で「ヨーロッパの勝利と平和」と書かれた紙を読者に差し出している。そのキャプションは、「Here you are! Don't lose it again.」（さあ、どうぞ！ またそれを失うなよ）である。風刺画の意味は「第一次世界大戦の後にまた戦争が起きた。平和を維持するには保守党ではだめだ」で、労働党支持は明瞭だった。選挙結果は六四〇議席中、労働党が単独過半数を優に上回る三九三議席を獲得する。

英国民が心から望んでいたのは、「栄光ある勝利」ではなく、二つの世界大戦がもたらした極限状況からの脱却だった。元兵士・軍関係者の多くが労働党へ投票している。国民は変化を求めていた。また、戦争のみでなく貧困・失業・病気などの恐怖から逃れるのを切望していた。

ロンドン大学クィーン・メアリーキャンパス内に建つクレメント・アトリー像

地すべり的勝利を収めたクレメント・アトリー労働党内閣は、一九五一年までに、イングランド銀行、炭鉱、電力、電信電話、航空、鉄道、陸運と水運の一部、ガス、鉄鋼の基幹産業をマニフェストにしたがって国有化する。

国有化政策遂行と平行して、社会保障制度確立が、四二年に発行された「ベバリッジ報告書」を青写真として推進される（二〇六ページ参照）。四八年七月から、ＮＨＳ（National Health Service＝国民医療サービス＝国民健康保険）が実施に移り、すべての人々が同等の医療サービスを無料で受けることが可能となる。加えて、失業保険・労災保険や各種福祉手当制度が整備され、「揺りかごから墓場まで」の福祉国家が、戦後の混乱期に立ち上がった。

これが世界のモデルとなっていく。四八年にＮＨＳが生まれた際には、診断・投薬・手術・出産などに加えて、歯科も眼科も無料で眼鏡も無料だった。現在も、基本的には無料だが、歯科は一般的にはカバーされなくなり、薬代の一部負担など、変化は起きている。

福祉手当の種類が増加した結果、状況によっては無職で数人子どもがいる家庭への支給手当合計額が、勤労家庭の年間収入を上回るケースが出てきた。このため、保守党のキャメロン政権は、手当てを一本化し、一家庭の受給総額が国民年収の平均を上回らないようにする政策を取り始めた。

福祉制度の受給資格や受給額は年収やそのほかの諸条件で複雑なため一般論は困難だ。しかし、英国では妊婦の出産前の収入保障から貧困者の葬式費用まで福祉の対象となっている。このため、「子宮から墓場まで」と制度が呼ばれることもある。

反核運動とレディー・ガガの刺青

トラファルガー広場はロンドン観光スポットの一つであるが、大きな政治集会の会場にもなる。ここが英国の核兵器廃絶を求める人々で最初に埋まったのが、一九五八年四月九日だった。この日

1958年4月9日のトラファルガー広場での反核集会　（写真提供／ＣＮＤ本部）

の集会の写真に、今日一般的に「ピース・シンボル」あるいは「ピース・マーク」と呼ばれる文様をつけた横断幕が写っている。

このシンボルは、手旗信号で「エヌ」（N）と「ディー」（D）を送っている人間の姿を合わせて図案化し、地球を表す円で囲ったものである。「N」はNuclear（核の・核兵器の）を意味し、「D」は、Disarmament（武装解除）を意味する。

このシンボルは、半世紀以上にわたって、英国の「キャンペーン・フォー・ニュークレア・ディスアーマメント」（Campaign for Nuclear

ＣＮＤのシンボル。下はＣＮＤのバッジ

Disarmament＝ＣＮＤ）のシンボル・マーク（ロゴ）として使われている。この団体は日本で「英国ＣＮＤ」「核軍縮キャンペーン」「核軍縮運動」などと呼ばれている。本部はロンドンだが、スコットランド・ヨークシャーなどの地域別グループと「労働党ＣＮＤ」「キリスト教ＣＮＤ」「学生ＣＮＤ」などの構成員別グループが活発に活動している。

六〇年代に入るとこのシンボルは世界各地にあまりにも広まり、多様な解釈が広まった。アメリカなどでは、「平和と静寂を表し、反戦のシンボルである」と、受け止める人々も多い。ベトナム戦争が激しくなった時期に、アメリカで反戦運動に使われたからであろう。日本の反核運動関連の出版物に、このシンボルは「鳩の足跡に由来する」と書かれているのを見つけたこともある。また、「戦争の英語ｗａｒのｗを三本指で作り、それを逆さまにしたもので、戦争の反対である反戦を意味する」といった複雑な「説」もある。レディー・ガガは、ジョン・レノンの歌「イマジン」から影響を受けて、左手首内側にこのシンボルの刺青を入れたようだ。

ＣＮＤ創立提唱者の一人が、バートランド・ラッセルだった。彼は、五五年には、核廃絶と科学技術の平和利用を訴える「ラッセル―アインシュタイン宣言」を出し、日本の物理学者・湯川秀樹も署名者一一人の一人となっている。ラッセルもデモや集会によく参加している。

ＣＮＤは創立以来、核廃絶に向けた活動のみでなく、反戦活動・平和運動の先頭に立ち、英国における反核・反戦・平和のシンボル的存在になっている。このため、ＣＮＤを敵視する政治勢力が英国にも存在する。ＣＮＤを目の敵にした政治家でもっとも有名なのがマーガレット・サッチャーだった。

オルダーマストン核兵器研究所への反核平和行進。1958年4月（写真提供／CND本部）

彼女の政権下では、英国国防省内に「DS19」と呼ばれる特殊チームが設けられ、「MI5」と連携して、CND攻撃が行なわれた。CND内へスパイも送り込まれた。CNDが「ソビエト連邦から活動資金を受け取っている」「IRAなどのテロリストと関連している」などの、事実に反する宣伝も積極的に行なわれた。

また、世界最大規模の平和研究・教育機関となりつつあった、「ブラッドフォード大学平和学部」つぶしも、彼女によって試みられた。（詳細は、拙著『イギリスで平和学博士号を取った日本人・英国の軍産学複合体に挑む』高文研）

CNDは現在、「トライデント戦

トライデント核ミサイル搭載原潜の廃絶キャンペーン（2012年）。横断幕左端がケイト・ハドソン事務局長。右端がデビッド・ウェッブ議長（写真提供／CND本部）

略核搭載新型原潜建造反対」「米国のグローバル・ミサイル防衛網構築反対」「北大西洋条約機構＝NATO反対」「原子力発電反対」などを掲げ、地球規模の核廃絶運動と反戦活動を展開している。

CNDのシンボルは、確固たる社会・政治運動を生み出し、世界へ情報を発信する「ロンドンの都市能力」のシンボルでもある。このシンボルは、一九九九年には、「六〇年代を象徴するものの一つ」として、二〇世紀を祝うアメリカの三三セント記念切手にも採用されている。

CNDシンボルを身につけているのは、レディー・ガガに限らない。今日、世界各地で刺青の人気デザインの一つになっているという。ベトナム戦争中には、アメリカ軍兵士の中で、ヘルメットにつけている者もいた。

国際都市を象徴する国際バス駅

バッキンガム宮殿前のビクトリア女王像の南西約一キロメートルに「ビクトリア・コーチ・ステーション（駅）」がある。「コーチ」は、乗り合いバスではなく、長距離や貸切のバスを指す。バス駅の建物は、第一次世界大戦後のヨーロッパで流行したアール・デコ様式で、建造は一九三二年だ。鉄道とバスのビクトリア駅の近辺にある。

長距離バス専用のコーチ・ステーションは、出発ロビーと到着ロビーの建物があって空港のような雰囲気が漂っている。英国各地に加えて、ダブリン・パリ・リヨン・ベルリン・ミュンヘン・アムステルダムなどへの国際便の発着で賑わっている。

ビクトリア・コーチ・ステーション

ロンドンの国際化が急激に進展した主因は、一九七三年の英国のEEC（現在のEU＝欧州連合）加盟である。これによって、欧州共同体内での国境を越えた就労・居住が大幅に自由になった。加えて、英国も北欧諸国などと同様に、多様な状況下にあるEU以外の外国人を長年人道上の理由などで受け入れている。実例を三件紹介したい。

まず、内戦で崩壊した「旧ユーゴスラビア」出身のバーネとヤズミンカである。

バーネ（左）とヤズミンカ

祖国の内戦勃発を察知したバーネは、一時期祖国を去る決意をし、一九九一年にロンドンに到着する。祖国に留まれば無意味な内戦に巻き込まれざるを得なかったからである。当初は、半年程度の滞在を想定していたが、内戦は「エスニック・クレンジング」（民族浄化）へと悪化した。そこで、彼は帰国を諦め、ロンドンで生き抜くために次から次と新しい仕事を試みる。最初の仕事は、クラブのウエイターだった。その後、路上やマーケットで、衣服・帽子・装飾品・卓上ランプなどを売って生き延び、苦闘の末「英国勅許公認会計士」の資格を取得した。バーネは現在、ファイナンス・マネージャーとして「ソサエティ・オブ・ロンドン・シアター」（創立一九〇八年の劇場関係者の組織）で責任ある地位に就いている。

ヤズミンカは、半年ほど英国の家庭に住み込み、家事や育児を手伝いながら学校で英語を学ぶため、一九九二年四月にロンドンへ来た。当時二〇歳だった。しかし、到着直後に祖国の内戦が本格化し、帰国は危険極まりなくなりロンドンで生きる決意をした。

彼女は、住み込みで二年間働く間に、写真技術を学ぶ。その後、一九九九年に、大学で「ビジュアル・コミュニケーションズ」の学士号を取得した。二〇〇五年に、ヤズミンカとバーネは知り合い、娘のダリアが誕生した。その後、二〇世紀初頭にイタリアのマリア・モンテッソーリが考案した幼児・児童教育法で教える教員免許を取得し、現在は、私学の幼稚園・小学校併設校で教員をしている。

もう一人はカナダ出身のダスティンだ。彼の父親はポーランド人で、母親はイタリア人である。トロント大学・大学院で経済学を学んだ後、二〇〇七年からトロントに本社があるコンサルティング会社のロンドン事務所の責任者として働いている。

ダスティン

ダスティンが、ロンドン事務所の責任者になった一因は、出生国のカナダ国籍に加えて英国国籍を持っているからであった。彼が英国国籍を持つようになった根本原因は、ナチス・ドイツとソ連の両国がポーランドを侵略した歴史に由来する。

一九三九年秋に、ナチスに続いてソ連がポーランドを侵略した。ポーランド侵略・統治に反対する可能性のあるポーランド人は、シベリアなどへ強制移送され収容される。後年ダスティンの祖父・祖母となる二人の追放先は、中央アジアのカザフスタンだった。

しかし、一九四一年夏に、ナチス・ドイツ軍がソ連侵攻を開始する。それに対処する一手段として、スターリンは、収容していたポーランド人を、英国政府の勧めにしたがって釈放する。当時、ロンドンに「ポーランド亡命政権」があった。釈放目的は、「ポーランド人部隊」を編成して、ナチス・ドイツ軍と交戦させることにあった。「ポーランド人部隊」の一つは、カザフスタンからカスピ海を渡りイランへ入って、パレスチナに一時期滞在した。この部隊に、ダスティンの祖父・祖母となる二人が含まれていた。そしてこの二人がパレスチナで結婚したのである。その後、部隊は、北アフリカへ派遣され連合軍の一部となってナチス・ドイツと戦った。

大戦終了後、祖父母は一時期ロンドンの近くの帰還兵の施設で過ごす。この地でダスティンの父親が生まれて英国国籍を取得する。その後、家族はカナダへ移住する。ダスティンの母親の家系は、イタリアからの移民家族である。ダスティンが出生国のカナダ国籍に加えて英国籍を持つのは父親が英国籍を持つからだ。

ヨーロッパにおける第二次世界大戦の複雑な展開と、イタリアからの経済移民が、ダスティン出生の背景にある。現在、彼は、ロンドンとカナダの間を年に四、五回仕事で往復している。

「鉄のレディー」サッチャー首相の登場

トラファルガー広場には、ネルソン提督の石柱の他に、広場の開発を一八二〇年代に推進した国王ジョージ四世や軍人の像がある。北西角には、銅像や彫像を載せる台座が一つ準備されてい

トラファルガー広場の現代美術作品

るが像は何も載っていない。近年は、この「空席」に世界の現代美術家の作品を展示している。二〇一三年には、ドイツ人美術家が制作した大きな青い雄鶏が展示された。この空席に誰の像を載せるかよく話題になり、候補に挙がるのがサッチャー元首相である。

アトリー内閣の後に政権は、保守→労働→保守→労働党と交替し、この期間には保守・労働両党の政策はかなり一致し、前政権の政策を次期政権が引き継ぐことが多かった。このためこの期間は、「コンセンサス時代」と呼ばれる。この「コンセンサス時代」に終止符を打ったのが、マーガレット・サッチャーである。彼女にまつわる政治エピソードは枚挙に暇がないが、彼女の政治姿勢を明確に物語る二つのエピソードを紹介しよう。

ミセス・サッチャーは、ヒース内閣の「教育大臣」だった一九七一年に、「ミルク・スナッチャー」(Milk Snatcher)と、ニック・ネームをつけられる。語呂合わせであるが、「スナッチャー」は、「引ったくり人」である。彼女が、財政支出カットの一環としてアトリー内閣が四六年から一八歳以下の子どもに無料提供していたミルクを、七歳以上の児童・学生の給食から奪い取ったからである。「揺りかごから墓場まで」のシンボル的な無料ミルクの取り上げは、教育予算と福祉予算の大々的な切り詰め政策へと後年発展していく。これによって、八五年に、オックスフォード大学で彼女に名誉博士号を贈ろうとする動きが大学関係者の反対で阻止されている。

もう一つは、彼女が、確固たる意志を持った政治家として、世界に認知されることとなる新聞報道である。

七六年一月一九日に、彼女は、ロンドンのケンジントン・タウン・ホールの演説で、「ブリテン、目覚めよ」と、ソビエト連邦と共産主義の威嚇を力説する。これを、ソビエト陸軍の機関紙『レッド・スター』の記者が記事にして、その中で彼女を「Iron Lady」と呼ぶ。記者は、ドイツ帝国の「鉄血宰相・ビスマルク」を想起したそうだが、英国ではこのニック・ネームは「鉄の公爵・ウェリントン」を思い出させる。日本では、「鉄の女」が定訳となって久しいが、ロシア語の語感はともかく、英語では、「レディー」であって、「女」より、尊敬の念と気品がこもっている。

「戦後のもっとも偉大な首相」として、英国の国会議員が二〇一三年のアンケート調査で回答したのがサッチャーで、僅少差で二位になったのが、アトリーだった。三位がブレア、四位がチャーチルだった。この順位になったのは、現職の「国会議員」各人が、自分の人的・思想的に近い人物を選んだからであろう。これ以前の各種調査では、アトリーやチャーチルが多くの投票で一位になっている。

順位はともかく、サッチャーを「英国の救世主」と考える人々は多い。一九七九年から九〇年の首相就任中に、基幹産業の民営化を推進し、労働組合を弱体化し、所得税率を下げ、日産自動車を

サッチャーの新自由主義政策は、格差社会を生み出した。ケンジントン・アンド・チェルシー地区の高級住宅

含む海外企業を誘致し、公営住宅を払い下げ、大幅な金融の規制緩和を含む産業経済活動の自由化を促進して、英国を「英国病」から脱却させた首相と考える国民が多い。

サッチャー政権を批判する人々は、諸政策によって「社会的強者と弱者、金持ちと貧乏人のギャップが深まる分断社会を作った」「地域社会の概念を否定しミーイズム（自己中心主義）が蔓延する社会を生み出した」と考える。

二〇一三年四月一七日に、セント・ポール大聖堂でサッチャー元首相の国葬に近い葬儀が、エリザベス二世参列の下で執り行なわれた。国葬にしなかったのは、「サッチャーの意向だった」からと報道された。なお、国王・女王以外で国葬になった人物には、科学者のニュートン、ネルソン提督、ウェリントン公爵、グラッドストン首相、チャーチル首相などが含まれる。遺族が断ったケースとして、看護師のフロレンス・ナイチンゲールの場合などがある。

この葬儀に先立つ一三日午後六時からトラファルガー広場で三〇〇〇人前後の人々が雨の中で「パーティー」を開いた。サッチャー元首相の死を「祝う」集会だった。「吸血鬼」「戦争屋」「英国産業の破壊者」「カジノ資本主義と銀行家のための福祉発案者」などのプラカードが目についた。

サッチャー政権の有形遺産

サッチャー政権の成果をロンドンで具体的に目にすることができる地域が、「ドックランズ」である。「ドックランズ」と呼ばれるのは、タワー・ブリッジの川下（東方）一帯で多くのドックがあった地域である。イースト・エンド地区のテムズ川近辺とその対岸（南岸）の一部を含む。一時期は世界最大の貿易港であった。ビクトリア女王の時代に多くのドックが建造され、それらは現存しているが国際貿易港としての機能はない。

この一帯には、第二次世界大戦中のドイツ軍の爆撃で破壊されたまま放置されていた施設も残っていた。また、一九六〇年代の産業の衰退で用途を失った設備や、七〇年代に入ると大型外航船が多くなり、使用できなくなったドックがほとんどとなり、衰退の一途をたどっていた。この一帯の二二平方キロメートルを一九八一年から再開発し、世界各地のウォーター・フロント開発の典型を作ったのがサッチャー政権であった。

地下鉄またはドックランズ開発の一環として造られた鉄道（DLR）のカナリー・ウォーフ駅で

サッチャー政権が再開発した「ドックランズ」の中心「カナリー・ウォーフ」の一角

ドックランズの鉄道・ＤＬＲ（Docklands Light Railway）

「ワン・カナダ・スクエア」ビル（中央）

降りると、辺りの風景は、ロンドンの典型的な風景とは大きく異なっている。まず、ロンドンでは珍しく地下街があって一流ブランド店が並んでいる。（ロンドンに地下街が少ないのは、地上に十分なスペースがあるからだ。）地上には、ドックの周りに高層ビルがそびえたっているが、しっかりとした都市計画に基づいていて豊かな空間が確保され、さわやかさと清潔感を感じる。

東京やアメリカの大都市と比較すると大したことはないのだが、高さ二三五メートルのオフィス・ビル「ワン・カナダ・スクエア」を筆頭に高層ビルが建ち並んでいる。慣習的に教会の塔より高い建築物を建てない英国では異例だ。カナリー・ウォーフは、ザ・シティと金融街の双璧をなしている。ここに独自ビルや事務所を構えている会社には、「バークレイズ」「マスターカード」「ＨＳＢＣホールディングス」「シティバンク」「Ｊ・Ｐモルガン」などが

バークレイズ銀行などの金融関連ビル

ある。カナリー・ウォーフの整備によって、ロンドンは世界の金融都市の一つとして不動の地位を築いている。

カナリー・ウォーフは、ロンドンの富を生み出している場所である。一例だが、ここにはバークレイズ銀行のグローバル・オペレーション本部ビルがそびえている。この銀行の行員の中で、二〇一二年の年間所得が一〇〇万ポンド（約一億五〇〇〇万円）を超えた者が四二八人いた。二〇〇八年の金融大危機で、銀行・証券会社批判が社会で激化し、銀行の多くがボーナスを自粛した後でも、これだけの人数に上った。この中には、「二五〇万ポンドから五〇〇〇万ポンド」給与帯の者五〇人、「五〇〇〇万ポンド以上」の五人が含まれていた。

しかし、カナリー・ウォーフを含むロンドンの行政区「タワー・ハムレッツ」全体は、ドック衰退の歴史的な影からいまだ抜け出せず、統計上英国の最

セント・キャサリン・ドックス

貧地域である。
ドックランズ開発計画の自然的な延長で、「ヤッピー」（YUP＝若い都市住民で専門職）の地域に成長しているのが、タワー・ブリッジ北端で道路を挟んでロンドン塔の反対側にある「セント・キャサリン・ドックス」である。
古いドックは、マリーナ（ヨットやボートの停泊基地）になっている。その周辺に高級ホテルや大臣経験者や芸能人が住む居住区もある。証券関連などで若くて高給を取っている「ヤッピー」と呼ばれる人々が勤めるオフィス・ビルもある。また、高級ブティック、レストラン、バー、カフェやショッピング・モールもあり、大型ヨットで海外から来る観光客もいる。
このドックもタワー・ハムレッツ内にある。ドックが建造された一九世紀前半には、一万一三〇〇人の港湾労働者家族の借家が取り壊された。賠償は家主が受けたのみだった。

新労働党＝「サッチャーの息子たち」

二一世紀のロンドンを象徴するかのような奇抜なデザインの建物が、前世紀末から中心部に建ち、その傾向は現在も進行しつつある。これらの現代建築の代表が、二〇〇四年にオープンした通称「ザ・ガーキン」と二〇一二年に完成した「ザ・シャード」である。

未来志向のこれらのビルの先駆けとなったのが、新しい千年紀の到来を記念・祝福するために建造された「ミレニアム・ドーム」である。建設場所はテムズ川のグリニッジ半島の突端で、新しい金融街のカナリー・ウォーフの対岸である。トニー・ブレアを党首とする「新労働党」（ニュー・レイバー）が一九九七年に政権を取ると、あたかも新しい労働党の誕生を記念するかのごとく、宝くじ基金を活用してドームの規模と千年紀祝賀のイベントの内容が拡大された。

ミレニアム・ドームは白色のテントのような半球で、高さ一〇〇メートルの一二本の鉄柱が吊り下げている。ドームの高さは五二メートルで、直径は三六五メートルだ。建設場所が、「東経・西経〇度のグリニッジ」、一二本の鉄柱が示唆する「時計の一二時間・年の一二カ月」とドーム直径から連想する「一年三六五日」など、「世界の中心ロンドン」を象徴している。現在は、「ジィ・オウ・トゥー」（The O2）と呼ばれるイベント会場になっている。

愛称「ザ・ガーキン」（The Gherkin ＝漬物用の若くて小さなきゅうり）は、ニックネーム通りきゅうりを垂直に立てたようなデザインで、高さは一八〇メートルである。ザ・シティ内にあり、その

カナリー・ウォーフから見たミレニアム・ドーム（The O2）

南一二〇メートルには、「石油コンビナートのようだ」とよく言われるロイズ本社ビルがある。設計は、英国を代表する建築家ノーマン・フォスターだ。

ザ・ガーキンは、スイスのチューリッヒに本部を置く保険会社の所有だったが、二〇〇七年にロンドンの投資会社とドイツの不動産会社に売却された。現在の主要なテナントは、当初ビルを建てたスイスの保険会社と米国のシカゴに本部を置く国際企業法律会社である。

「ザ・シャード」（The Shard ＝ガラスの破片）は、テムズ川南岸のロンドン・ブリッジ駅近くに二〇一二年に完成し翌年に開業した。ガラスの細長い三角錐に見えるザ・シャードの尖塔高三一〇メートルはヨーロッパ最高で、奇抜な全面ガラス張りの外壁で知られる。デザイナーは、日本の関西国際空港の設計でも知られるイタリア人レンゾ・ピアノである。

用途は、オフィス・ホテル・マンション・展望施設とレストランなどであるが、いずれも高額だ。マン

2012年に完成したザ・シャード(左)と2004年にオープンしたザ・ガーキン(右)

ション価格は、報道によると日本円で八〇億円以上である。「ザ・シャード」の所有者は、アラビア半島の産油国カタールの中央銀行やカタール・イスラム銀行などだ。

「ザ・ガーキン」と「ザ・シャード」には、共通点が多い。奇抜なデザインは、ロンドンの未来産業戦略を反映している。デザイン産業が金融や観光と並んで重視されている。建設場所が、ザ・シティ内と橋でつながるテムズ川の南岸である。ビルは外国資本によって建てられ、テナントや購買は英国人・英国関連企業に限らず外国企業・海外の富豪を当初から想定している。「ロンドンを英国の首都から世界の経済活動の中心へ」の発想である。

サッチャー政権下のカナリー・ウォーフを中心とするドックランズ開発と、新労働党政権(一九九七年五月から二〇一〇年五月のブレア政権とブラウン政権）下における都市開発の間に見られる共通点は、建築物に見られるのみではない。政府による金融などの規制緩和は、新労働党によってサッチャー時代より進んでいる。海外からの投資を積極的に推進し民間活力でロンドン・英国を発展させ国際化する戦略は、サッチャーの死後も引き継がれている。

ブレアは、地すべり的勝利を収めた一九九七年の総選挙に先立って、労働党の綱領にあった「生産・分配・交換手段の共有」を削除するのに「成功」している。一九一八年に労働党が綱領に加えた社会主義政策の根幹の放棄であった。サッチャーはこれを賞賛し、ブレア政権中には、彼の経済政策を支持したと報道されている。

ブレアは、「サッチャーの政治的息子」と呼ばれる。経済政策の継承に加えて、外交スタイルにも共通点がある。フォークランド紛争解決に地球の反対側に英国軍を派遣して戦闘を交えたサッチャーと、米国共和党のブッシュ政権と一体になって国連決議なくしてイラク攻撃を行ない、「強い英国」を世界と国民に示そうとした外交に共通点を見出す英国人が多い。

二〇一〇年五月の総選挙で、保守党が政権を奪還した。しかし、赤字財政脱却政策以外に政策上の顕著なものは打ち出されていない。ブレア元首相とキャメロン現首相の政策上の差異は、キャメロン首相をサッチャー元首相の政治上の「息子」の一人に含める人々と、ブレア元首相の「息子」と考える人々がいる程度の違いである。

おわりに

本書執筆中の二〇一三年六月に、女性参政権運動で一〇〇年前に命を落としたエミリー・デービソンの追悼イベントが、ロンドンのラッセル・スクエアで開催された。イベント主催者へのインタビューと写真撮影にヨーク市から駆けつけると、参加者の中に思いがけなくシルビア・パンクハーストの孫娘の姿があった。「歴史の継続」を目前にした感動で、シャッターを切る手が震えた。その翌月には、イースト・エンド地域内で「マッチ女工のストライキ一二五周年フェスティバル」が開催された。歴史を忘れることなくその教訓を次の世代に継承していくロンドンの人々を、私は英国に住む人間の一人としてとても誇りに思った。

ロンドンと英国の二〇〇〇年の歴史を振り返り、民主主義・人権・戦争・平和などの重要な問題を考えながら執筆を行なっている最中に、日本では歴史が急激な方向転換を始めた。「特定秘密保護法」が成立したのに続き、閣議決定で、「武器」は「防衛装備」となり、「輸出」は「移転」と表現が変わり、一部例外を除いて実質上「原則禁止」されていた武器輸出が、「基本的に解禁」となった。そして今、成文憲法を持つ日本で、横暴な「解釈改憲」が論じられている。英国と日本とを考えながらの執筆だった。

本書の執筆に関して多くの皆さんに大変お世話になった。記して感謝の意を表したい。

まず、「観光コースでないロンドン」の執筆の機会を与えていただいた高文研に感謝している。編集部の真鍋かおる氏と顧問の梅田正己氏には草稿を精読していただき貴重な助言をいただいた。お陰さまで本シリーズの一冊を無事担当することができた。とても光栄である。

「英国ＣＮＤ」（核軍縮運動）本部と「全国労働史博物館」元館長のTerry McCarthyには、貴重な歴史的写真を提供していただき、「ロンドン衛生熱帯医学大学院」のスタッフLindsay Jefferiesには、エチオピア出張の際にシルビア・パンクハーストの墓地を撮影してもらった。「グローバル教育センター」元代表のMargot Brownから、古い貴重な書籍を多く借りた。

旧ユーゴスラビア出身のJasminkaとBaneには、祖国の内戦からロンドン生活に至る個人史を、また、カナダ出身のDustinには、ポーランド人祖父母が第二次世界大戦中にソビエト軍に収容された家族史の深い影について語ってもらった。

四〇年以上前に名古屋税関の職場でお世話になった、茶谷寛信さん、松田修さんをはじめとする多くの元全税関労働組合の仲間から、執筆中に度重ねて激励の言葉をもらった。

長年の友で、ロンドンの「シティ・オブ・ウェストミンスター」の議会議員をしているRobert Rigbyには、ロンドンの自治体制度・政治・慣習やキリスト教について教えてもらった。また、彼と奥さんの恵美子さんにも、執筆中に絶え間なく応援してもらった。

多様な解釈が存在する英国史上の出来事に関しては、それらが英国の教育現場ではどのように教えられているかを英国人の妻エルドリンに相談した。また、恩師の一人である「ブラッドフォード大学平和学部」のPeter van den Dungenにも疑問点について教授願った。

最後に、ロンドン在住の娘のマヤとパートナーは、私のロンドンでのリサーチに多くの時間を割いて手助けしてくれた。二人の最新情報提供と写真撮影時の現地案内がなかったならば、本書の完成にはもっと多くの時間を要したに違いない。ありがとう。

ちょうど一〇〇年前の一九一四年夏に第一次世界大戦が始まり、トラファルガー広場で志願兵募集が活発化した。戦況は悪化し、志願兵のみでは間に合わなくなり英国で初めて徴兵制が導入された。投獄されてもこの戦争に反対した人々に想いを馳せながら本書を書き終えた。

二〇一四年五月

中村久司

中村 久司（なかむら・ひさし）

1950 年、岐阜県生まれ。岐阜県立斐太実業高校電気科卒業後、名古屋税関に就職。1975 年に税関を辞めて渡英し、日英を往来の後、1988 年からイギリスのヨーク市に永住。1994 年、ブラッドフォード大学で日本人初の平和学博士号取得。在職中、英国の二つの大学で国際教育プロジェクトを担当。2008 年、日本国外務大臣表彰を受賞。

著作に『イギリスで「平和学博士号」を取った日本人』(高文研)、英語歌集『The Floating Bridge: Tanka Poems in English』(Sessions of York) など。

寄稿に「第 9 条：和文と英文の差異」(『軍縮地球市民』No3)、『Peace Constitution of Japan』(The Oxford International Encyclopedia of Peace) など。

装丁＝商業デザインセンター・増田 絵里

カバー・本文写真＝出典・撮影者が明示されていない写真は、すべて著者が撮影した写真

観光コースでないロンドン
——英国二〇〇〇年の歴史を歩く

●二〇一四年 七 月二〇日 ——— 第 一 刷発行

著 者／中村 久司

発行所／株式会社 高文研
東京都千代田区猿楽町二―一―八
三恵ビル（〒一〇一―〇〇六四）
電話０３＝３２９５＝３４１５
http://www.koubunken.co.jp

印刷・製本／三省堂印刷株式会社

★万一、乱丁・落丁があったときは、送料当方負担でお取りかえいたします。

ISBN978-4-87498-548-9 C0021